河南省中等职业学校对口升学考试复习指导

市场营销类专业（下册）

推销实务　营销策划实务

河南省教育科学规划与评估院　编

電子工業出版社
Publishing House of Electronics Industry
北京 · BEIJING

内 容 简 介

本书为 2024 年河南省中等职业学校对口升学考试复习指导丛书之一，主要内容包括推销实务、营销策划实务知识总结及相关试题，同时还整理了两套河南省中等职业学校毕业生对口升学考试市场营销类专业课综合训练题。

本书可作为参加市场营销类专业对口升学考试的学生的复习参考资料。

图书在版编目（CIP）数据

市场营销类专业．下册，推销实务　营销策划实务 / 河南省教育科学规划与评估院编．—北京：电子工业出版社，2024.1

ISBN 978-7-121-47045-5

Ⅰ．①市… Ⅱ．①河… Ⅲ．①推销—中等专业学校—升学参考资料 ②营销策划—中等专业学校—升学参考资料 Ⅳ．①F713.3

中国国家版本馆 CIP 数据核字（2024）第 008942 号

责任编辑：王志宇　　特约编辑：徐　震
印　　刷：北京七彩京通数码快印有限公司
装　　订：北京七彩京通数码快印有限公司
出版发行：电子工业出版社
　　　　　北京市海淀区万寿路 173 信箱　邮编　100036
开　　本：787×1 092　1/16　印张：13.25　字数：339.2 千字
版　　次：2024 年 1 月第 1 版
印　　次：2024 年 10 月第 6 次印刷
定　　价：48.00 元

凡所购买电子工业出版社图书有缺损问题，请向购买书店调换。若书店售缺，请与本社发行部联系，联系及邮购电话：（010）88254888，88258888。

质量投诉请发邮件至 zlts@phei.com.cn，盗版侵权举报请发邮件至 dbqq@phei.com.cn。

本书咨询服务热线：（010）88254523，wangzy@phei.com.cn。

前言

PREFACE

普通高等学校对口招收中等职业学校应届毕业生，是拓宽学生成长成才通道的重要途径，是构建现代职业教育体系、推动现代职业教育高质量发展的重要举措。为了做好 2024 年河南省中等职业学校毕业生对口升学考试指导工作，引导学校着力培养高素质技术技能人才、能工巧匠、大国工匠，帮助教师和学生有针对性地复习备考，我们组织专家编写了这套 2024 年“河南省中等职业学校对口升学考试复习指导”丛书。这套丛书以国家和河南省中等职业学校专业教学标准为依据，以国家和河南省中等职业教育规划教材为参考，内容包括要点图解、复习要求、例题解析、基础训练、提升进阶和题型示例、综合训练题等。

在编写过程中，我们认真贯彻新修订的《中华人民共和国职业教育法》《国家职业教育改革实施方案》，落实《关于推动现代职业教育高质量发展的意见》《关于深化现代职业教育体系建设改革的意见》，坚持以立德树人为根本任务，以基础性、科学性、适应性、指导性为原则，以就业和升学并重为目标，着重反映了各专业的基础知识和基本技能，注重培养和考查学生分析问题及解决问题的能力。这套丛书对教学标准所涉及的知识点进行了进一步梳理，力求内容精练、重点突出、深入浅出。在题型设计上，既有系统性和综合性，又有典型性和实用性；在内容选择上，既适应了选拔性能力考试的需要，又注意了对中等职业学校教学工作的引导，充分体现了职业教育的类型特色。

本套丛书适合参加 2024 年中等职业学校对口升学考试的学生和辅导教师使用。在复习时，建议以教学标准为依据，以教材为基础，以复习指导为参考。

本书是这套丛书中的一本，其中“推销实务”部分由石玫珑、马芳担任主编，参与编写的还有王婉婷、朱银行。“营销策划实务”部分由勾兆茹担任主编，由许燕担任副主编，参与编写的还有李丹珊、刘媛。

由于经验不足，书中难免存在疏漏和不足之处，恳请广大师生及时提出修改意见和建议，使之不断完善和提高。

河南省教育科学规划与评估院

目录

CONTENTS

第一部分 推销实务

第二部分 营销策划实务

第三部分　综合训练题

第一部分 推销实务

项目一

推销从业准备

要点图解

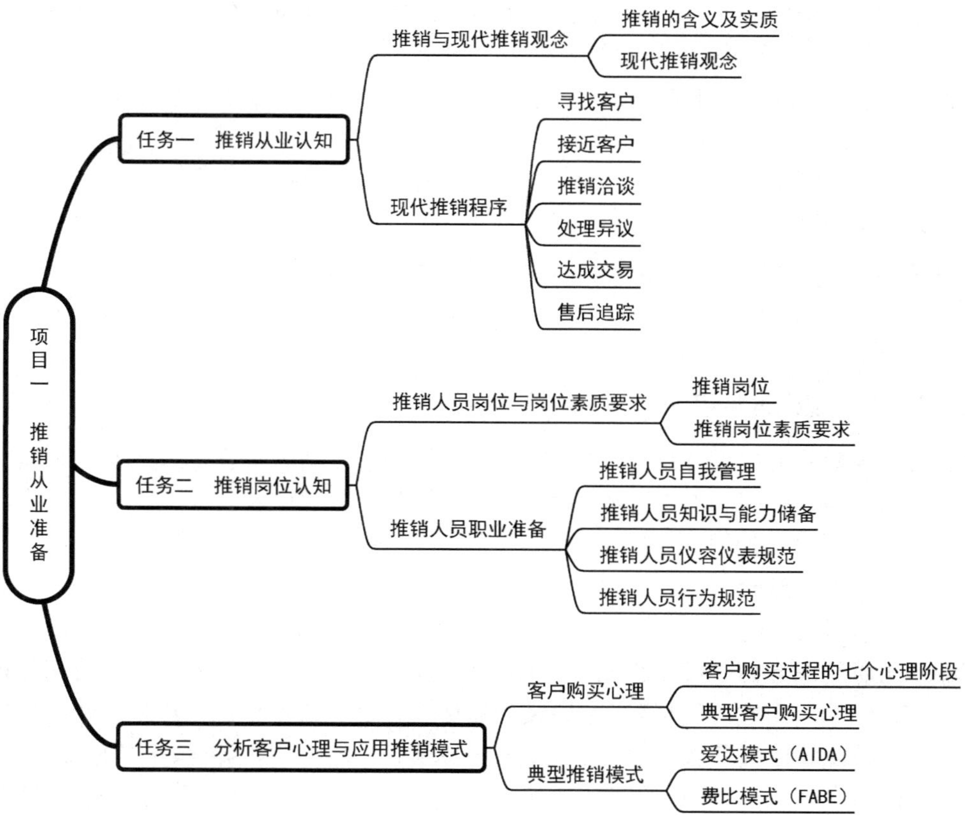

复习要求

1. 掌握推销的概念。
2. 理解推销观念的演变过程，重点掌握现代推销观念的含义和特点。
3. 掌握现代推销的程序。
4. 理解推销岗位和岗位职责，重点掌握推销人员应具备的职业素质要求和从业准备。
5. 掌握对客户购买动机与购买行为的分析，根据实际情况，灵活运用典型推销模式推销产品。

例题解析

知识点一　推销与现代推销观念

【例题 1】一切以生产者或销售者为中心的推销观念是（　　）。

A．技术推销观念　　　　B．产品推销观念

C．现代推销观念　　　　D．服务推销观念

【解析】从一种生产者（企业）和推销人员利益出发的观念属于传统的推销观念，盛行于生产力尚不发达、社会产品还处于供不应求的“卖方市场”，企业家与商家处在主动地位，可以实现“以产定销”，推销人员长期奉行“一切以生产者或销售者为中心”“生产什么就卖什么”“皇帝的女儿不愁嫁”的观念。故选 B。此类题主要考查考生对推销观念发展过程中不同观念的认识和理解。举一反三，考生要熟练掌握推销观念各发展阶段的特点，并加以区分，此考点在近年考试中多次涉及。

【例题 2】某品牌洗发水首先提出“去屑实力派”的概念，从而吸引了大量有头屑烦恼的购买者。这是推销产品的（　　）。

A．核心利益　　　　B．产品差别优势

C．性价比　　　　D．使用价值

【解析】产品的差别优势是指企业通过向客户提供有别于其他竞争对手的独特产品或服务而形成的优势，其实质是推销品多于其他同类产品的那部分使用价值。故选 B。此类题主要考查考生对产品差别优势的理解与运用。

知识点二　现代推销程序

【例题】某食品机械厂对销售人员的要求是：积极开发新客户并定时或不定时地回访老客户，期间还要积极对待客户提出的问题，努力提升业务订单量，并确保收回货款。该厂对销售人员的工作要求是基于（　　）。

A．推销三部曲　　　　B．推销的一般流程

C．推销的实质　　　　D．推销三要素

【解析】推销业务的一般流程主要包括寻找客户、接近客户、推销洽谈、处理异议、达成交易、售后追踪。该食品机械厂对销售人员要求的“积极开发新客户并定时或不定时地回访老客户”，主要涉及寻找客户、接近客户等业务；“积极对待客户提出的问题”，主要涉及推销洽谈、处理异议的业务；“提升业务订单量”，主要涉及达成交易的业务；“确保收回

货款”，主要涉及售后追踪的业务。故选 B。此类题主要考查学生对推销程序的理解和认识。

知识点三　推销人员岗位与岗位素质要求

【例题】除销售管理外，还负责成本控制、团队建设的岗位是（　　）。

A．销售主管　　B．推销员

C．销售经理　　D．销售工程师

【解析】销售经理的岗位职责包括销售管理、成本控制、团队建设、信息管理。故选 C。此类题主要考查考生对不同推销岗位的具体工作职责的理解和掌握。推销岗位的具体工作职责这一考点在往年考题中有所涉及，提醒考生要引起重视。

知识点四　推销人员职业准备

【例题 1】判断正误：不要佩戴太多的饰品或配件，衣服颜色不可过于鲜艳夺目，素色会使人感觉清爽，遵循了仪表修饰的适度性原则。（　　）

【解析】推销人员的良好形象要求推销人员注重服饰规范，要求推销人员的仪表修饰，无论在修饰程度还是在饰品数量和修饰技巧上都应把握分寸，自然适度。故此题判断为正确。此类题主要考查考生对推销人员仪容仪表规范的理解。

【例题 2】着装应该与当时的时间、所处的场合和地点相协调，遵循的原则是（　　）。

A．适体性原则　　B．TOP 原则

C．整体性原则　　D．适度性原则

【解析】TOP 原则指着装要与所处的季节协调、场合协调、时间协调、地点协调。故选 B。此类题主要考查考生对成功的仪表修饰一般应遵循的原则的把握。此考点在近年考试中多次涉及。

知识点五　客户购买心理

【例题 1】客户购买的最原始阶段是（　　）。

A．使用联想　　B．希望拥有

C．引起注意　　D．产生兴趣

【解析】客户被产品吸引是客户购买的最原始阶段，如果连引起客户注意都做不到，就无从谈及销售了。故选 C。此类题主要考查考生对客户购买商品的一般心理过程的掌握。此考点在近年考试中多次涉及。

【例题 2】判断正误：求名心理这一购买心理往往缺乏理智的思考分析，具有偶然性、冲动性。（　　）

【解析】“攀比心理”以争强好胜、不甘落后为购买目的，并不一定对产品的使用价值有明显的需要，而是为了与人攀比争荣，超过他人，以得到攀比的心理满足。这一购买心理往往缺乏理智的思考分析，具有偶然性、冲动性。故此题判断为错误。此类题主要是以判断的形式考查考生对典型客户购买心理的各类型心理特征的掌握和区分。

【例题 3】追求产品使用价值的客户购买心理是（　　）。

A．求廉心理　　B．求新心理

C．求实心理　　D．求便心理

【解析】求实心理以追求产品的使用价值为主要目的，注重“实惠”原则，强调产品的效用和质量，讲求朴实大方、经久耐用、使用便利，而不过分关心产品的造型、品牌和包装等。故选 C。此类题以选择题的形式考查考生对典型客户购买心理的各类型心理特征的掌握和区分。此知识点在往年考题中以不同的形式多次涉及，考生要重视。

知识点六　典型推销模式

【例题】“费比模式”中最重要的步骤是（　　）。

A．F　　B．A　　C．B　　D．E

【解析】“费比”是 FABE 的译音，FABE 则是 Feature（特性）、Advantage（优点）、Benefit（利益）、Evidence（证据）的第一个字母，这四个英文字母表达了“费比模式”的四个步骤。其中，第三个步骤“B”，讲述产品利益是“费比模式”最重要的步骤，说明产品的优点能给客户带来好处，这也是客户购买最关心的内容。故选 C。此类题主要考查考生对费比模式各步骤的理解和掌握。举一反三，提醒考生熟练掌握其他三个步骤的特点，并能够区分其之间的差异。此知识点在往年考题中曾有所涉及。

基础训练

一、单选题

1．推销的基本功能是（　　）。

A．传递商品信息　　B．提供服务

C．销售商品　　D．获得市场信息

2．（　　）不属于推销三要素。

A．推销信息　　B．推销对象

C．推销主体　　D．推销客体

3．推销三要素中的推销主体是指（　　）。

A．推销人员　　B．商品买方

C．推销品　　D．推销方式

4．客户购买产品时通常要考虑一些因素。其中，（　　）是指产品本身所具有的，能够给购买者带来好处和利益的属性，是客户购买产品的主要目的与要求。

A．价值　　B．使用价值

C．收益　　D．服务

5．推销人员奉行的“生产什么就卖什么”“皇帝的女儿不愁嫁”观念，属于（　　）观念。

A．技术推销　　B．现代推销

C．产品推销　　D．绿色推销

6．推销人员认为只要掌握和运用高超的推销技巧，交易总能达成的观念属于（　　）。

A．技术推销观念　　B．产品推销观念

C．现代推销观念　　D．绿色推销观念

7．推销就是要（　　）。

A．将客户不需要的产品也卖给他们

B．将本公司的任何产品都卖给客户

C．将客户可用可不用的产品卖给他们

D．将能满足客户需要的产品卖给他们

8．（　　）不是推销洽谈的目标。

A．掌握人际交往信息

B．诱发客户的购买动机，刺激客户的购买欲望

C．催促客户采取购买行为

D．达成交易，推销产品

9．在推销过程中，把握好成交信号，踢好“临门一脚”，争取赢得尽可能多的订单和利润。这是（　　）。

A．售后跟踪　　B．推销洽谈

C．处理异议　　D．达成交易

10．销售主管的岗位职责不包括（　　）。

A．业务管理　　B．人员管理

C．信息管理　　D．客户管理

11．在递出名片时，推销人员不正确的做法是（　　）。

A．手指并拢，将名片放在掌上，用大拇指捏住名片左右两端，恭敬地送到对方胸前

B．一手拿出名片夹，一手从名片夹中取出名片递交对方

C．名片上的名字正向对着对方，递交时目光注视对方

D．递交时微笑致意

12．不符合拜访礼仪的是（　　）。

A．守时守约　　B．讲究敲门艺术

C．谈话时间过长　　D．跟主人谈话时语言表达客气

13．（　　）是以追求新颖、刺激、赶时髦为主要目的，由强烈的好奇心和求新欲引发的心理。

A．求美心理　　B．求新、求异心理

C．攀比心理　　D．求名心理

14．客户在购买产品过程中对其价格特别重视，非常注重产品的价格变动，这是（　　）的表现。

A．求美心理　　B．求实心理

C．求廉心理　　D．求名心理

15．客户在购买产品过程中注重产品的效用和质量，而不过分关心产品的造型、品牌和包装等，这是（　　）的表现。

A．求美心理　　B．求实心理

C．求廉心理　　D．求名心理

16．“爱达模式”操作步骤的第三步是（　　）。

A．引起注意　　B．刺激欲望

C．诱发兴趣　　D．促成购买

17．“费比模式”操作步骤的第二步是（　　）。

A．介绍产品特性　　B．分析产品优点

C．尽数产品利益　　D．以证据说服购买

18．推销员着装素色清爽，没有太多的饰品和配件，这是遵循服饰规范的（　　）原则。

A．特色化　　B．适体性
C．适度性　　D．TOP

19．（　　）是非常具体、非常典型且操作性很强的利益推销模式。

A．爱达模式　　B．费比模式
C．迪伯达模式　　D．埃德帕模式

20．（　　）被国际公认为成功的推销模式，比较适用于店堂的推销，如柜台推销、展会推销。

A．爱达模式　　B．费比模式
C．迪伯达模式　　D．埃德帕模式

21．适用一些易于携带的生活用品与办公用品的上门推销；也适用于新人推销员，以及首次接触客户的推销模式是（　　）。

A．爱达模式　　B．费比模式
C．迪伯达模式　　D．埃德帕模式

22．在工作时间与刚结识的潜在客户会面时穿正装，体现了推销人员服饰规范的（　　）。

A．整体性原则　　B．适体性原则
C．TOP 原则　　D．介绍性原则

23．在办公室会见客户着正装体现了服饰规范的（　　）。

A．适体性原则　　B．TOP 原则
C．适度性原则　　D．AIDA 原则

24．不要佩戴太多的饰品或配件，衣服颜色不可过于鲜艳夺目，素色会使人感觉清爽，体现了服饰修饰规范的（　　）。

A．整体性原则　　B．适度性原则
C．特色化原则　　D．TOP 原则

25．推销活动的中心是（　　）。

A．生产　　B．销售
C．服务　　D．满足消费者需求

26．在推销工作中，最关键最激动人心的时刻是（　　），赢得订单是推销人员在整个推销工作中最梦寐以求的时刻。

A．推销洽谈　　B．处理异议
C．达成交易　　D．售后追踪

27．“尽数产品利益”是费比模式操作的第（　　）步。

A．1　　B．2
C．3　　D．4

28．营业员的岗位职责不包括（　　）。

A．遵守制度　　B．销售服务

C．现场维护　　D．团队建设

29．以追求产品的欣赏价值和艺术价值为主要目的的客户购买心理是（　　）。

A．求美心理　　B．求实心理

C．求廉心理　　D．求名心理

30．表现欲和炫耀心理较强的人，即使经济条件一般，也可能具有此种购买动机的客户购买心理是（　　）。

A．求美心理　　B．求实心理

C．求廉心理　　D．求名心理

二、判断题

1．推销是现代企业经营活动中的一个重要环节，推销岗位处于企业市场活动的最前沿。（　　）

2．推销人员应首先推销产品的使用价值，其次推销产品的差别优势给客户带来的综合利益。（　　）

3．推销主体的素质及推销手段、推销方法、推销技巧，在很大程度上决定推销效率的高低。（　　）

4．推销主体是指推销活动中的买方，推销客体是指推销品。（　　）

5．推销就是想方设法卖出产品，赚取利润，把产品销售出去就是推销的唯一目标。（　　）

6．产品的差别优势的实质是推销品高于其他同类产品的那部分价值。（　　）

7．推销观念有产品推销观念、技术推销观念、现代推销观念三个演变过程。（　　）

8．推销准备是推销业务一般流程和步骤的开始，而推销洽谈是决定推销业务成败的最关键环节。（　　）

9．售后跟踪通常只是快速收回货款。（　　）

10．推销过程实际上是推销人员把握客户心理，并针对客户心理进行说服的过程。（　　）

11．客户异议有时是成交的障碍，但有时也会是成交的信号。（　　）

12．代表企业进行产品销售的销售人员都是销售代表，销售代表可以是营业员、销售工程师，也可以是销售主管，还可以是销售经理等。（　　）

13．在推销的初始阶段，如何把客户的注意力引导到产品的卖点上，是至关重要的一步。（　　）

14．“顾客至上”，所以客户提出的要求，推销人员都要答应。（　　）

15．“推销三部曲”认为，推销员应当先推销产品本身和产品的功能，最后还需要再推销一下自己。（　　）

16．推销人员对产品的了解是推销成功的基本出发点，推销人员应该是其所推销产品的专家。（　　）

17．推销人员只需要有健康的体魄、得体的着装就可以了，不必化妆和佩戴饰物。（　　）

18．仪表与服饰对于给客户形成第一印象起到了一定的作用。（　　）

19．推销人员良好的道德品质主要体现在对企业、对客户都有强烈的责任感。（　　）

20．诚信是推销人员必须具备的基本美德。（　　）

21．分析产品优点是“费比模式”最重要的步骤，说明产品的优点能给客户带来的好处。（　　）

22. 推销模式种类很多，在销售中较为常见的是“费比模式”，在业界备受推崇的是“爱达模式”。（　　）

23．推销员的自信心来源于知识、经验、计划和预备。（　　）

24．推销员的岗位职责是销售开展、客户管理、信息反馈、业务管理。（　　）

25．在正式拜访客户前最好进行预约，以免客户感到突然。（　　）

26．掌握的知识越多，就越能与顾客找到知己般共鸣的话题。（　　）

27．男士仪容重在“雅”，女士仪容重在“洁”。（　　）

28．“推销产品之前先推销自己”，这是推销人员必须遵守的准则。（　　）

29．推销对象是推销必不可少的三要素之一。（　　）

30．销售的目的是在满足客户需要的基础上实现自身的利益。（　　）

31．客户购买过程一般为：产生兴趣—希望拥有—进行比较—决定购买。（　　）

32．推销员的岗位职责就是开展销售和货款回收。（　　）

33．所谓推销就是要使顾客深深地相信购买了你的商品，他会得到某些好处。（　　）

34．推销人员向客户推销时应首先推销产品的差别优势。（　　）

35．推销人员进行推销时，首先应向客户推销的是产品的使用价值。（　　）

36．“费比模式”是推销员向顾客分析产品利益的好方法。（　　）

三、名词解释

1．推销　　2．推销要素

3．产品的差别优势　　4．现代推销观念

5．推销模式

四、简答题

1．简述推销三要素。

2．如何正确理解“推销的实质”？

3．现代推销观念的特点有哪些？

4．推销业务的一般流程有哪些？

5．推销人员在正式推销前应该进行哪些准备工作？

6．简述推销人员的素质要求。

7．简述推销人员的从业准备。

8．成功的仪表修饰应遵循哪些原则？

9．推销人员如何进行目标管理与过程管理？

10．简述客户购买商品的一般心理过程。

11．典型客户购买心理有哪些？

12．何为“爱达模式”？其操作包括哪些步骤？

13．何为“费比模式”？其操作包括哪些步骤？

提升进阶

1．一天，一对中年夫妇来到某百货商店箱包柜台前，挑来挑去拿不定主意。这时，营业员小董上前招呼，并了解到这对夫妇的孩子即将赴英国留学，他们正在采买孩子出国用的行李箱。于是，小董先向他们介绍了国际航班的持箱规定，即前往英国的航班一般允许随身携带两种箱子，最大规格分别是 20 英寸（1 英寸=2.54 厘米）的登机箱和 30 英寸的托运箱。随后，小董又将牛津布、帆布、PVC、PC 等不同材质的行李箱拉到他们面前，就不同材质箱体的特点一一做了介绍。他们听后，觉得小董热情周到、专业可信，于是在小董的推荐下，他们买了两个在抗摔、耐冲击、防水、耐磨、时尚方面优势明显的 PC 拉杆箱：一个 20 英寸登机箱，一个 30 英寸托运箱。

问题：

（1）小董在推销时运用了怎样的推销观念？

（2）顾客为什么会觉得小董专业可信？

（3）小董的成功推销给你带来什么启示？

2．A 公司是一家生产销售家用计算机的企业。张先生毕业于计算机专业，从事计算机推销工作已有五年，在三家公司工作过。A 公司十分信任他，让他负责华中地区的销售工作。他分析了家用计算机的市场现状，认为计算机市场竞争激烈，要想扩大销售，必须从提高服务质量入手，并提出了具体的措施：一是选用同行业最好的服务规范和标准，要求所有员工必须认真执行；二是建立监控服务质量的全过程跟踪系统；三是如果发现顾客投诉，就对推销人员实行严厉处罚，甚至辞退。通过上述措施，该公司华中地区的销售业绩直线上升，他也受到了公司的奖励。

问题：

（1）张先生为什么要以提高服务质量作为突破口？

（2）张先生采用的是什么样的推销观念？

（3）你认为取得较好的销售业绩的关键在于服务质量吗？

3．春节前，在某超市过道显眼处的 SQ 果然爱水果汤圆促销点，滚动播放着“果然爱水果汤圆，奇妙好滋味”广告视频；同时，促销员头戴耳麦进行着宣传：“SQ 果然爱水果汤圆，团团圆圆过新年！”顾客纷纷被吸引，上前一探究竟。

促销员：“果然爱水果汤圆，感受水果自然的味道和果粒与糯米相拥。欢迎品尝！”

顾客：“这个汤圆真的有那么奇妙吗？”

促销员：“当然了，这是我们 SQ 食品将传统美食与天然真实果粒相结合的新品，有多种口味：酷感蓝莓、炫惑黑加仑、清醇草莓、醇郁榴梿、柔情黄桃、醇乐杧果……款款经典，而且热量低，营养、健康又美味。”

顾客：“听起来不错！”

促销员：“不仅听起来不错，而且您还可以品尝一下，每口都是满满的水果芬芳！快过年了，团团圆圆，甜甜蜜蜜，可以多带上几个口味的，在家就可以开个甜品水果派对了！”

顾客：“那就黑加仑、榴梿的各买两袋吧！”

问题：

（1）这个促销员的成功之处在于其运用了哪种销售模式？

（2）这种销售模式要经过几个发展阶段？这种方法适用于哪些情况？

4. 一位顾客来到某品牌家具专柜，在一款沙发前驻足停留，营业员小王走上前热情地说道："先生真有眼力，我们这款沙发是带有羽绒坐垫的。"

顾客："这与普通沙发有什么区别？"

小王："羽绒坐垫坐上去非常柔软，舒适感超好！您不妨坐坐。"

顾客试坐。

小王："您试坐的感觉是不是非常舒服啊？您试想一下，下班后坐在柔软舒适的沙发上，听着音乐，喝着咖啡，多惬意自在！"

说着，小王转身来到计算机前，接着说道："今天上午有位先生就是喜欢这一点，买了这款沙发。您不妨来看看，这是我们的销售记录，近一个月这款沙发已出售了 10 多套。"

问题：

（1）小王运用了哪种销售模式？

（2）这种销售模式要经过几个发展阶段？

5. 张强刚进入一家保险公司不久，经理安排给他所在的业务室一单能为公司带来几十万元利润的业务，这是一块不止一个人啃过但都没啃下来的"硬骨头"。他们接过来后，用了近一个月的时间，跑农村、下车间，把那家公司的生产、经营情况及大小客户都摸了个遍，然后把掌握的情况打印成材料，登门拜访。那位经理非常傲慢地接过他们的材料，但看着看着，脸上的表情发生了变化。最后，他说："请你们主管与我的秘书约个时间。"一单保额 70 余万元的生意就这样敲定了。后来，张强介绍经验说："那位经理说，你们的计划书太精细了，我不想再让第二家保险公司把我们了解得这么透彻。"

问题：

（1）张强所在业务室成功推销的秘诀在哪里？

（2）上述成功案例对推销人员有何启示？

6．某顾客走进一家西饼店，促销员赶紧跟上来说道：“欢迎光临！您看需要什么？我能帮您什么？”

顾客没吱声，看到货架上的丹麦吐司造型精美、秀色可餐，就拿起一个并看着包装上的说明，还对配料念念有词：小麦粉、水、酵母、蜂蜜、白砂糖、食用油脂制品、复方乳化剂、起酥油……这时他随口问促销员：“起酥油是不是反式脂肪酸？”

促销员：“应该不是吧！”

顾客：“这个复方乳化剂又是什么？”

促销员一时支支吾吾回答不上来。看到此景，顾客悻悻地摇了摇头，径直地走出这家西饼店。

问题：

（1）这位促销员失败的原因是什么？

（2）要想成功地完成推销工作，推销人员应掌握哪些方面的知识？

7．按照约定的时间，当物业公司代表小刘在秘书的带领下走进某商务大厦行政部经理的办公室时，经理正在接电话。小刘先将帽子脱去，在看到掉在地板上的报纸时随即俯身捡起放在桌面上。经理接完电话请他坐下，他道谢后才入座。随后经理问他关于商务大厦清洁服务的几个问题，他都回答得清晰、到位。这时，经理注意到小刘衣着虽不光鲜，但十分整洁，不仅头发梳得整整齐齐，而且连指甲都修剪得干干净净。经理对初次到访的小刘很满意。就这样，小刘为物业公司签下了为期一年的商务大厦清洁服务合同。

问题：

（1）为什么商务大厦行政部经理对小刘很满意？

（2）通过本案例，你认为一名推销人员怎样才能被顾客认可？

8．一天，一家大型超市来了一位风尘仆仆的豆制品生产厂家推销员，这位推销员头发油腻、衣着不整。超市经理与其交谈寥寥几句，就将他支走了。推销员走后，经理对同事说："我看他的样子就反感。"以后，这位推销员多次试图向这家超市推销产品，经理都没见他，尽管他改变了衣着。

问题：

（1）你认为本案例中的推销员以后会在这个超市推销成功吗？为什么？

（2）作为推销人员在外在方面要注意哪些问题？

9．小赵是湖北恩施的一家富硒大米生产企业的推销员。小赵在从事富硒大米产品推销的 5 年间，先后走访了全国 900 多家超市，拜访了近 1 600 名顾客，每年都有将近 300 天在我国缺硒地区推销富硒大米产品。所到之地，他通常采用视频、宣传册或网络资料等方式让客户了解富硒大米相关产品的生产过程和生产工艺，主动给出权威机构为自己企业的产品出具的检测报告；同时还不厌其烦地向客户科普人体补硒的益处，宣讲湖北恩施作为世界著名的天然富硒地特有的生产优势，并将带上的样品供客户体验。就这样，小赵的富硒大米产品销量逐年上升。

问题：

（1）小赵是如何做到让富硒大米产品的销量逐年上升的？

（2）小赵的推销案例中体现了推销人员需具备哪些素质要求？请进一步分析。

10．尽管小郑在一家汽车4S店做销售顾问不到两年，但他已经成为这家店的销售明星。说起小郑，客户往往赞不绝口。一位客户反映：在她购车的时候，小郑没有刻意强调自己所售车型有多么好，而是根据她的购买能力和使用情况等，客观地介绍了车型之间的优势与劣势，着重提示她一定要搞清楚自己最需要的是什么，然后再做决定；同时，小郑还承诺，若是客户提车还赠送原装行车记录仪等一系列礼品，于是她就立即订了车。但在她实际去提车的时候，由于厂家发货有期限，原装行车记录仪还没有到店。小郑为了兑现自己的承诺，竟然费尽周折，出钱购买了更高品质的行车记录仪，并为她的车安装好。这位客户很是感动，因此，她就将小郑推荐给身边需要买车的朋友，小郑一如既往地向她的朋友提供热情周到的服务。

问题：

（1）小郑能够成为销售明星的关键因素是什么？

（2）请进一步分析小郑推销成功的原因。

项目二

寻找客户

要点图解

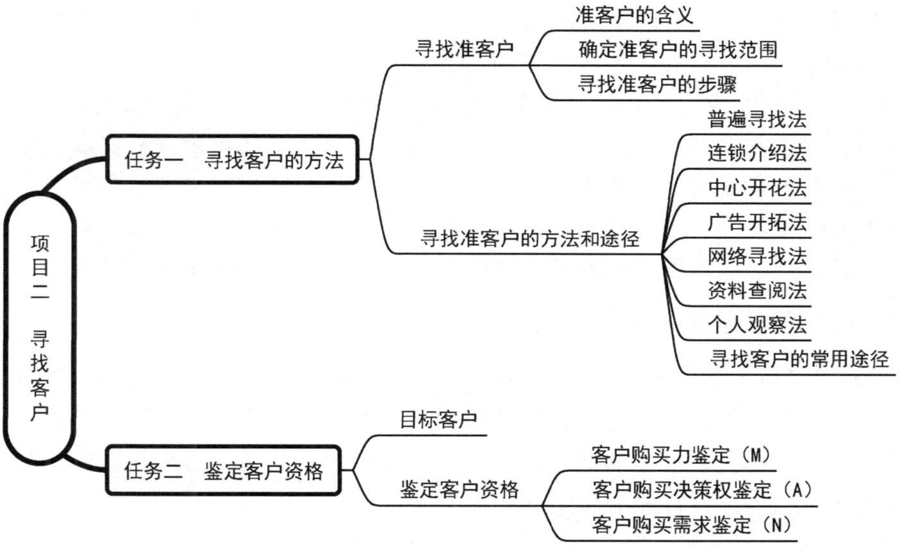

复习要求

1. 掌握准客户和目标客户的含义。
2. 灵活运用寻找准客户的常用方法。
3. 掌握客户资格鉴定的条件和方法。

例题解析

知识点一　寻找准客户

【例题】解释“准客户”的含义。

【解析】所谓准客户，是指对企业的产品或服务有购买欲望、购买能力及购买决定权的个人或组织。此类题主要考查考生对推销对象的理解与区分，需要认识准客户、目标客户、大客户的区别与联系。

知识点二　寻找准客户的方法

【例题 1】有一位出租车司机的月收入总是比其他出租车司机高出很多，因为他是一个善于思考的人，比如，他看到从医院出来，并且带着大包小包的客户，就会立刻开车迎上去，因为这些客户往往是刚出院，终于重获健康，对打车回家更为迫切，不在乎打车费用，所以，这个司机使用此法屡试不爽。这个司机的寻找顾客的方法属于（　　）。

A．个人观察法　　　　B．广告开拓法

C．普遍寻找法　　　　D．网络寻找法

【解析】个人观察法也叫“现场观察法”，是一种通过推销人员直接观察来寻找准客户的方法。本题中出租车司机通过实地观察和实践，更加充分地认识市场，了解客户，积累丰富的经验，所以才能提高他的能力和业绩。故选 A。此类题主要考查考生对寻找准客户的常用方法定义的掌握。

【例题 2】判断正误：通过网络寻找准客户，减少了工作量，提高了工作效率，可以最大限度地减少工作的盲目性，节省了时间和费用。（　　）

【解析】网络信息海量繁杂，甚至真假难辨，不加甄别的采用网络信息，有相当的盲目性，而通过查阅资料寻找准客户，减少了工作量，提高了工作效率，可以最大限度地减少工作的盲目性，节省了时间和费用，由于所查阅的资料一般由有关专家和权威部门提供，专业性和准确性比较高，值得信赖，故此题判断为错误。此类题主要考查寻找准顾客的各方法之间的区别。此知识点在往年考题中以不同考试题型多次涉及。

知识点三　寻找准客户的常用途径

【例题】刘婷是一名保险推销员，她在参加大学同学 20 年聚会的时候，听说同学杨阳现在是旅行社主管，于是在主动向杨阳打招呼后，询问了杨阳所在旅行社的旅行旅游意外险投保情况，同时递交了自己的名片，提出很乐意就旅行旅游意外险相关工作与杨阳保持进一步的联系。这种寻找客户的常用途径属于（　　）。

A．从本企业内部获得有关潜在客户的信息资料

B．扩大寻找范围

C．通过各种信息渠道获得客户

D．随时随地寻找客户

【解析】应时刻做好寻找客户的准备不放过任何一次捕捉潜在客户的机会，如在外吃饭、走路、乘车、聚会、购物等“业余时间”去寻找客户，不断扩充客户队伍。故选 D。此类题考查考生对寻找准客户的常用方法的理解。

知识点四　目标客户

【例题】判断正误：在确定目标顾客时，要找对的朋友做“资产”，不要找错的朋友做“负债”。（　　）

【解析】推销人员在找到许多准客户以后，不要急于开展实际推销，而应采取一定的标准，进行一系列的客户鉴定，筛选出目标客户，然后将主要精力集中在目标客户身上，开展有针对性的推销，提高整个推销工作的效率，故此题判断为正确。此类题主要考查考生

对目标顾客含义的理解，同时提醒考生复习时不要忽略教材中插入的拓展小知识点的认识和理解。

知识点五　鉴定客户资格

【例题】判断正误：在组织购买中，往往存在使用者、采购者、技术把关者、决策者四种关键角色，技术把关者负责在最后环节一锤定音。（　　）

【解析】技术把关者负责剔除技术不合格的厂商或产品，一锤定音的是组织采购中的决策者。故此题判断为错误。此类题主要考查考生对法人购买决策者资格鉴定的认识和理解。

基础训练

一、单选题

1.（　　）是推销的起点。

A．约见客户　　B．寻找客户
C．接近客户　　D．拜访客户

2.（　　）是寻找准客户最直接、最基本的方法。

A．连锁介绍法　　B．广告开拓法
C．资料查阅法　　D．普遍寻找法

3. 某棉纱厂销售员小刘通过搜索引擎找到相关网站，在输入关键信息“毛巾求购”后，看到附近 80 多家单位有毛巾需求。小刘这是采用（　　）寻找客户。

A．个人观察法　　B．连锁介绍法
C．资料查阅法　　D．网络寻找法

4. 某地群艺宫开展多种艺术类培训，在此学艺上课的人们经常开车前往。群艺宫附近有一家洗车行，洗车行的工作人员通常会把这些前来上课的车主电话（放在车内的移车电话）、车牌以及来往规律记录下来，然后联系车主，并告之：按照他（她）上课的档期，洗车行已经预留好可以为他们整理、清洗爱车的时间。这种寻找客户的方法是（　　）。

A．个人观察法　　B．广告开拓法
C．普遍寻找法　　D．网络寻找法

5. 推销员小张把某建材市场的 100 多家店全都拜访了一遍。他寻找客户用的是（　　）。

A．个人观察法　　B．广告开拓法
C．普遍寻找法　　D．网络寻找法

6. 近年来，许多商家通过爱奇艺、腾讯、游戏软件、小说软件等推送抖音、快手等直播链接，取得良好效果，这种方式采用了（　　）。

A．资料查阅法　　B．网络寻找法
C．普遍寻找法　　D．个人观察法

7.（　　）节省大量的人力、物力、财力，覆盖面广，“推”“拉”兼顾。

A．广告开拓法　　B．网络寻找法
C．中心开花法　　D．普遍寻找法

8. 某公司营业员对客户说：“女士，今天这个榨汁机真是以成本价卖给您了，好用的话别忘了推荐给您身边的人，照顾一下我们的生意。”这位营业员寻找客户用的是（　　）。

A．个人观察法　　B．连锁介绍法
C．资料查阅法　　D．网络寻找法

9．下列不属于客户资格鉴定内容的是（　　）。
A．客户需求鉴定　　B．客户购买力鉴定
C．客户购买决策权鉴定　　D．客户工作内容鉴定

10．下列不属于对企业或组织购买决策权进行鉴定时要鉴定的内容的是（　　）。
A．推销对象的营业执照
B．具体人物在决策过程中的角色、资格
C．推销对象的经营状态、财务盈亏情况
D．推销对象的行业准入执照

11．“MAN”法则中的M是指（　　）。
A．购买需求鉴定　　B．购买决策权鉴定
C．购买人员鉴定　　D．购买力鉴定

12．（　　）是指推销人员对可能成为客户的某个具体对象进行审查，以确定该对象成为目标客户的可能性。
A．鉴定客户资格　　B．客户购买力鉴定
C．客户购买需求鉴定　　D．客户购买决策权鉴定

13．（　　）是指推销人员通过对相关资料的分析，判断并确定推销对象是否对产品具有真正的需求及需求量大小的活动过程。
A．鉴定客户资格　　B．客户购买力鉴定
C．客户购买需求鉴定　　D．客户购买决策权鉴定

14．（　　）是指推销人员通过对市场调查的有关资料的分析，确定潜在客户是否具备购买推销品的经济实力，进而确定其是否为合格的目标客户的活动过程。
A．客户资格鉴定　　B．客户购买力鉴定
C．客户购买需求鉴定　　D．客户购买决策权鉴定

15．（　　）不是客户需求鉴定的主要内容。
A．对现实需求的鉴定　　B．对需求欲望的鉴定
C．对潜在需求的鉴定　　D．对需求量的鉴定

16．（　　）是第一个提出购买产品的人，能够促使家庭其他成员对该产品产生兴趣。
A．影响者　　B．决策者
C．使用者　　D．发起者

17．以下不属于法人资格鉴定的证明文件的是（　　）。
A．产品说明书　　B．专业证照
C．等级证书　　D．特许证照

18．“买过我汽车的客户都会帮我推销”体现了寻找准客户的（　　）。
A．普遍寻找法　　B．连锁介绍法
C．中心开花法　　D．广告开拓法

19．小李拜访某市内所有连锁超市使用了寻找准客户的（　　）。
A．普遍寻找法　　B．连锁介绍法

C．广告开拓法　　D．个人观察法

20．以下哪种方法可以最大限度地减少工作盲目性。（　　）

A．普遍寻找法　　B．资料查阅法

C．广告开拓法　　D．个人观察法

21．现代推销方法中最常用、效率极高的一种约见方式是（　　）

A．广告约见　　B．委托约见

C．电话约见　　D．信函约见

二、判断题

1．目标客户就是准客户。（　　）

2. 您打算把您的产品或服务销售给谁，谁有可能购买您的产品，谁就是您的目标客户。（　　）

3．目标客户应具有三个基本特点，即购买需求、购买力、购买决策权。（　　）

4．准顾客的寻找永远有固定不变的模式或程序。（　　）

5．确定准客户的寻找范围是指确定潜在客户群体的范围。（　　）

6．采用普遍寻找法时，准顾客的数量与走访的人数成反比。（　　）

7．个人观察法因受推销人员个人素质和能力的影响，主观性较强。（　　）

8．“向权力先生推销”是通过鉴定客户购买力明确推销对象，避免盲目推销，进一步提高推销效率。（　　）

9．在组织购买中，往往存在使用者、采购者、技术把关者、决策者四种关键角色，技术把关者负责在最后环节一锤定音。（　　）

10．做生产资料产品的推销员，只要直接找到客户企业的最高领导就可以确定决定权在谁手中了。（　　）

11．对顾客需求进行鉴定时，从顾客以前的消费量就能准确确定其需求量。（　　）

12．购买决策者是提供产品信息和购买建议且影响挑选产品的人。（　　）

13．接近团体客户需从其组织机构情况和生产经营情况两方面进行了解。（　　）

14．间接介绍是最常用的一种连锁介绍方式。（　　）

15．积极寻找客户、积累客户资料是推销工作的首要步骤。（　　）

16．服务是一种无形产品。（　　）

17．普遍寻找法的关键仅在于无遗漏，不放过任何一个有望成交的客户。（　　）

18．中心开花法成功与否关键在于中心人物身上。（　　）

19．向男人卖口红不能说是对潜在需求的鉴定。（　　）

20．通过主管部门可以了解到团体客户购买力的大小。（　　）

三、名词解释

1．准客户　　2．普遍寻找法

3．连锁介绍法　　4．中心开花法

5．广告开拓法　　6．网络寻找法

7．资料查阅法　　8．个人观察法

9．目标客户　　10．鉴定客户资格

11．“MAN”法则

四、简答题

1．寻找准客户的必要性表现在哪些方面？

2．如何确定准客户的寻找范围？

3．简述寻找准客户的五个步骤。

4．寻找准客户的方法有哪些？

5．简述采用普遍寻找法寻找客户的优点和缺点，以及应用建议。

6．简述采用连锁介绍法寻找客户的优点和缺点，以及应用建议。

7．简述采用广告开拓法寻找客户的优点和缺点，以及应用建议。

8．简述采用中心开花法寻找客户的优点和缺点，以及应用建议。

9．简述采用网络寻找法寻找客户的优点和缺点，以及应用建议。

10．简述采用资料查阅法寻找客户的优点和缺点，以及应用建议。

11．简述采用个人观察法寻找客户的优点和缺点，以及应用建议。

12．团体客户的支付能力鉴定的内容与方式包括哪些方面？

13．简述家庭成员所扮演的购买角色。

14．简述个体客户的购买力鉴定的内容。

15．简述客户购买需求鉴定的内容。

提升进阶

1．入夏后气温升高、雨水丰沛，在城镇总会看到有些人骑着车走街串巷，车上带有工具和喇叭，喇叭不时传来“修纱窗、做防水”的声音。

问题：

（1）这些人为什么要“走街串巷”？他们采用什么方法来寻找顾客？

（2）这种寻找顾客的方法有什么优缺点？

（3）请给出运用这种寻找客户方法的建议。

2．2000 年，涪陵榨菜还是手工作坊的生产方式，此时的 FL 榨菜集团负债高达 1 亿元以上。为改变这种状况，新上任的 FL 榨菜集团总经理周某通过新建现代化生产线、创新榨菜品种来实现扭亏为盈，改革后的第一年销售额就突破 1 亿元。但如何进一步扩大品牌影响力、让国人知晓自己的品牌呢？集团的方法是：以巨资买下新闻联播的黄金时段插播广告，并力邀著名演员作为广告代言人。一句“中国榨菜数涪陵，涪陵榨菜数乌江”的广告在央视一播出，乌江牌榨菜家喻户晓，当年销量翻了好几倍。之后几年，乌江牌榨菜更是年销售额超 20 亿元。

问题：

（1）在寻找客户、迅速打开全国市场方面，FL 榨菜集团采用的是什么方法？

（2）这种寻找顾客的方法有什么优缺点？

（3）请给出运用这种寻找客户方法的建议。

3．郑恺 10 多年前毕业于某本省的一所财经类大学，现就职于该省内的某银行，近期郑恺被该银行总部委派到此省内的另一地区 B 市任行长。为尽快打开 B 市业务局面，郑恺找到 B 市的校友会，从校友会那里得到了在 B 市校友的名单，郑恺又从校友名单中找到能够与银行建立业务往来的校友 300 多人，根据这些校友产生业务的可能性大小，郑恺制订了详细的拜访计划：一是对这 300 多人逐一进行电话拜访，预约见面；二是对同意见面的校友，立刻实施拜访；三是对未同意见面的校友，也将信息记录下来，完成资料收集整理工作，并争取建立合作关系。执行完这份计划，郑恺对 B 市相关校友的情况有了全面的了解，为日后客户开发建立了完备的资料。

问题：

（1）郑恺是想通过哪种方法寻找客户？

（2）这种寻找客户的方法有什么优点和缺点？

（3）请给出运用这种方法寻找客户的建议。

4．2020 年 6 月 1 日，格力电器开展了“格力健康新生活”直播活动，探索“线上线下新零售模式”。在这场直播中，董明珠亲自卖货，线上同时联动了“格力董明珠店”、天猫、京东、快手、抖音、苏宁六大平台，线下的 3 万余家格力门店也参与其中，覆盖六个平台、线上线下联动。截至当晚 22 点 03 分，当天销售额共计 65 亿元，创下家电行业直播销售纪录，仅这一天的销售额就占到了格力电器当年第二季度营业收入的 1/3。

问题：

（1）格力电器在 6 月 1 日的“格力健康新生活”直播活动中是如何实现销量大增的？它通过什么方法扩大了市场（寻找到客户）？

（2）这种寻找客户的方法有什么优点和缺点？

（3）请给出运用这些方法寻找客户的建议。

5. 某房屋中介接受某房主委托全权销售他的房子，这套房子位置良好，售价约 120 万元，它的相关信息有：三个卧室、两个卫生间、实木地板客厅、大地下室、一个停车位，并且房子离市中心小学、购物中心都很近。目前，在中介公司登记的有四位客户，假如你是推销人员，请分析下表并进一步进行客户资格鉴定。

客户资料

资料	客户			
	甲	乙	丙	丁
家庭	先生、一个孩子	先生、太太及太太的父母	先生、太太、一对双胞胎男孩	单身男性
年龄	先生 39 岁，小孩 11 岁	夫妻均 30 岁左右，太太的父母 60 岁左右	先生 36 岁，太太 35 岁，男孩 5 岁	35 岁
职业	大学教师	一家 50 平方米面馆的老板	先生长期在国外工作，太太是全职太太	会计师
年收入	10 万元	12 万元	45 万元	6.5 万元
订金	8 000 元	5 000 元	8 000 元	6 000 元
备注	刚刚离婚	渴望购买	渴望购买	寻找适合的房子

问题：

（1）你认为哪位客户最有可能购买？为什么？

（2）请说出你的分析思路。

6. 为了培养小丽的音乐素养，小丽妈妈打算给小丽买架钢琴。妈妈在赢得小丽奶奶的支持后，妈妈和奶奶又一起做通了小丽爸爸的工作，于是，小丽的爸爸妈妈就来到了一家琴行。起初，妈妈一眼看上了一款优质钢琴，可爸爸嫌太贵；看到此景，琴行销售小张便推荐了一架适合孩子弹的钢琴，且此架钢琴价格适中，妈妈试了试感觉音质还行，最终爸爸敲定了购买这架钢琴，夫妻俩把它买回了家。

问题：

（1）找出案例中对应的家庭成员所扮演的角色。

（2）对于家庭或者个人购买生活资料的决策鉴定可以从哪几个方面考虑？

项目三

接近客户

要点图解

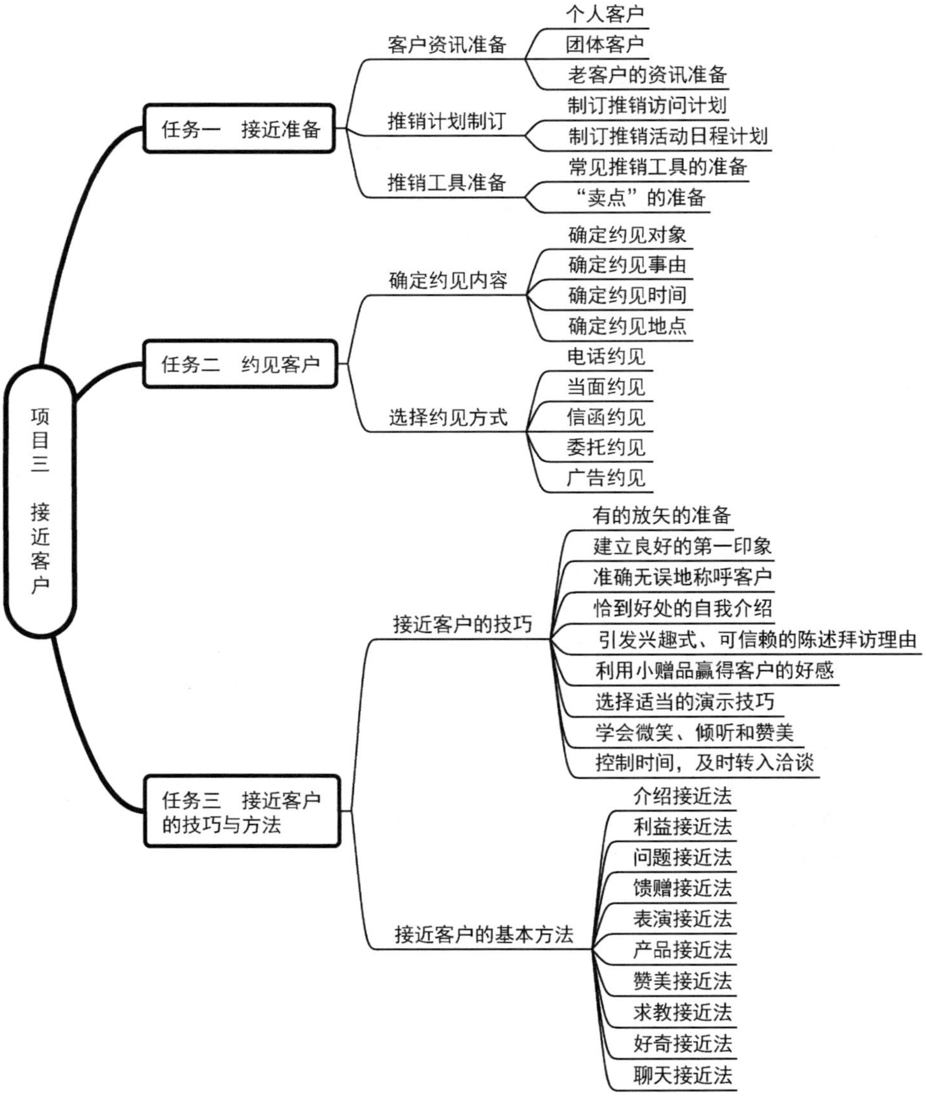

复习要求

1. 理解接近客户前的准备工作，掌握推销计划的制订并能够恰到好处地提炼卖点。
2. 掌握约见客户的内容和方式。
3. 重点掌握接近客户的技巧、方法，并能够灵活运用。

例题解析

知识点一 客户资讯准备

【例题】判断正误：接近团体客户需要了解的情况有：基本情况、组织机构情况、生产经营情况、采购惯例。（ ）

【解析】针对不同类型的目标客户，对其资讯的准备也不尽相同，对团体客户的接近准备包括团体客户的基本情况、组织机构情况、生产经营状况、采购惯例。故此题判断为正确。此类题主要考查考生对接近团体客户需要了解的情况的掌握。

知识点二 推销计划制订

【例题】判断正误：推销访问计划是针对每天的推销活动而做的计划，安排周密详细，具有很强的针对性和可操作性。（ ）

【解析】推销活动日程计划是针对每天的推销活动而做的计划，安排周密详细，具有很强的针对性和可操作性。故此题判断为错误。此类题主要考查考生对推销人员制订访问计划与制订推销活动日程计划的掌握。

知识点三 推销工具准备

【例题 1】卖点的提炼要求提炼主次要分明，主要卖点最多不能超过（ ）个。

A．1　　B．3
C．4　　D．5

【解析】在提炼卖点时，主次要分明，主要卖点最多不能超过 3 个。故选 B。此类题主要考查考生对卖点的提炼要求的掌握。

【例题 2】钻戒“爱情恒久远，一颗永流传”的卖点提炼角度是（ ）。

A．产品自身　　B．社会观念
C．第一说辞　　D．比较差异

【解析】从社会观念里寻找核心卖点。观念涉及的主体可以是某种情结、人生、健康、运动、爱情、生活方式，甚至是战争、种族平等。“爱情恒久远，一颗永流传”是钻石运营机构——戴比斯，以美好的爱情为主题，根据中国国情大力推广结婚钻戒的卖点广告。故选 B。此类题主要考查考生对卖点的提炼途径的掌握。

知识点四 确定约见内容

【例题】进行推销约见，首先要明确具体的（ ）。

A．确定约见对象　　B．确定约见事由

C．确定约见时间　　D．确定约见地点

【解析】进行推销约见，首先要明确具体的约见对象。故选 A。此类题主要考查考生对约见的内容的掌握。此考点在近年考试中多次涉及。

知识点五　选择约见方式

【例题】当面约见不易受地理条件的限制。（　　）

【解析】当面约见易受地理条件的限制。故此题判断为错误。此类题主要考查考生对选择约见方式的常用方法的运用和掌握。

知识点六　接近客户的技巧

【例题 1】推销人员为了有的放矢地开展推销活动，可以根据不同客户改变自己的语言风格和心理状态，属于（　　）。

A．情景设置法　　B．资料查阅法

C．网络寻找法　　D．角色扮演法

【解析】客户是千差万别的，销售人员应学会适应各种类型的客户。在实际接近时，销售人员可以用“角色扮演法”，根据不同的客户来改变自己的语言风格、服装仪表、情绪和心理状态。故选 D。此考点在近年考试中多次涉及。

【例题 2】判断正误：在商务接近客户中，可以随便称呼对方，仅仅只是一个代号而已。（　　）

【解析】在商务会面中，最正式的称呼有三，即应当称呼客户的行政职务、技术职称，或是其泛尊称。在商务会面中，不适当的称呼主要有：其一，无称呼；其二，不适当的俗称；其三，不适当的简称；其四，地方性称呼。故此题判断为错误。此考题主要考查考生对商务会面中正式称呼与不适当称呼的掌握。

知识点七　接近客户的基本方法

【例题 1】推销人员可以通过第三人或合作伙伴的介绍而接近客户的方法属于（　　）。

A．他人引荐法　　B．利益接近法

C．自我介绍法　　D．问题接近法

【解析】他人引荐法是在可能的情况下，推销人员可以通过第三人或合作伙伴的介绍而接近客户。在推销人员接近客户时，只要把第三人开具的介绍信、便条、名片、介绍卡给客户，就能轻松地接近客户，如能有介绍人亲自引荐则效果更好，它可以迅速缩短推销人员与客户之间的心理距离，效果要好于自我介绍。故选 A。此类题主要考查考生对接近客户的基本方法的掌握。此考点在近年考试中多次涉及。

【例题 2】“张女士，您好！我是咱们小区营养餐厅的刘梦，我想向您介绍一下我们营养餐厅特意为像您这样工作较忙的人推出的营养快餐……”这种接近客户的方法属于（　　）。

A．调查接近法　　B．产品接近法

C．求教接近法　　D．介绍接近法

【解析】产品接近法是指推销人员直接利用所推销的产品引起客户的注意和兴趣，从而顺利进入推销洽谈的一种接近方法。由于这种方法是以推销品本身作为接近媒介，它最大的特点是用过硬的产品本身做无声的介绍，所以要求产品具有独特的魅力和明显的差别优势，并且要求产品具有质量优良、不易损坏、精美轻巧、便于携带的特点。故选 B。此类题主要考查考生对接近客户的基本方法的掌握。

基础训练

一、单选题

1．接近个人客户需要了解的情况有（　　）。

A．个人基本情况　　B．家庭及其成员

C．需求和购买情况　　D．以上均包括

2．客户接受了推销员小李的推销，准备签一份 6 万元的订单，但就在要签合同的时候，小李突然想起忘记带合同文本了。这属于推销人员在接近客户之前没有做好（　　）的准备。

A．了解客户情况　　B．制订拜访计划

C．心理　　D．推销工具

3．当营业员被问到为什么店中的护眼灯比其他店的护眼灯贵 10%时，营业员回答："我们的护眼灯是专利产品，比一般护眼灯的使用寿命长 25%，且保修期是 3 年，而其他店的护眼灯保修期都是 1 年。"营业员的回答说明他在接近客户之前做好了（　　）准备。

A．客户资料　　B．业务

C．心理　　D．推销工具

4．"没有中间商赚差价"是瓜子二手车对其平台（　　）提炼的卖点。

A．从产品自身角度　　B．从社会观念角度

C．从第一说辞角度　　D．从差异化角度

5．"三全凌汤圆，味美香甜甜"是三全食品（　　）对凌汤圆系列产品提炼的卖点。

A．从产品自身角度　　B．从社会观念角度

C．从第一说辞角度　　D．从差异化角度

6．"格力原创，不用电费"是格力公司对格力光伏空调（　　）提炼的卖点。

A．从产品自身角度　　B．从社会观念角度

C．从第一说辞角度　　D．从差异化角度

7．"美丽人生，永恒铭记"是周大福珠宝对其产品（　　）提炼的卖点。

A．从产品自身角度　　B．从社会观念角度

C．从第一说辞角度　　D．从差异化角度

8．"赵女士，我们又为这次装修设计了一套新方案，您看这两天是不是咱们见个面？"这种约见方式主要出现在（　　）时。

A．确定约见对象　　B．确定约见事由

C．确定约见时间　　D．确定约见地点

9．（　　）是指对达成交易具有决策权或对销售活动具有重大影响的人。

A．约见时间　　B．约见事由

C．约见地点　　D．约见对象

10．在面向个人或家庭推销日用品时，最佳的约见地点是（　　）。

A．洽谈室　　B．办公室
C．咖啡厅　　D．客户家中

11．确定访问时间应（　　）。
A．以推销人员方便为主
B．最好安排在上午 9 点半到 11 点半之间
C．晚餐之后
D．尽量为客户着想

12．下列选项中不适合作为约见客户地点的是（　　）。
A．公共场合　　B．客户的办公室
C．社交场所　　D．推销员的家里

13．当面约见的优点是（　　）。
A．便于沟通交流　　B．经济、快捷
C．接触面广，效率高　　D．克服戒备心理

14．推销人员在（　　）时，需要察言观色，随机应变，灵活运用一些技巧，以保证约见工作的完成。
A．当面约见　　B．信函约见
C．电话约见　　D．委托约见

15．“赵总，您好！我是拓扑科技公司的白磊，就是昨天您的朋友王总向您推荐的 WMS 软件的本地区销售经理……”白磊采用的接近顾客的方法是（　　）。
A．利益接近法　　B．赞美接近法
C．介绍接近法　　D．问题接近法

16．“肖总，您好！我是海鹏的经理张海鹏，听说您经销的××系列产品的销量竟然超过了龙头 A 公司，我非常想知道面对如此强大的竞争对手，您是如何做到这一点的。我看您现在不太忙，故冒昧打扰，请您不吝赐教。”张海鹏采用的接近顾客的方法是（　　）。
A．赞美接近法　　B．产品接近法
C．聊天接近法　　D．求教接近法

17．“张大爷，您好！我是咱们小区门口‘有爱餐厅’的王聪，听说您刚从医院康复回来，我们餐厅专门为像您这样的老人提供了全天候的营养餐……”这种接近客户的方法属于（　　）。
A．调查接近法　　B．产品接近法
C．求教接近法　　D．介绍接近法

18．一位推销塑料车罩的推销员来到一个汽车经销商处，他拿着样品对客户说：“您来撕一撕这块塑料布，看能否把它撕烂？”这种接近客户的方法属于（　　）。
A．利益接近法　　B．好奇接近法
C．介绍接近法　　D．问题接近法

19．“李女士，从您的消费记录上看，您现在使用的手机套餐已连续 3 个月不能满足您的流量使用需求了，您是否需要来我们营业厅换一个流量多一些的同价位套餐？”这种接近客户的方法属于（　　）。
A．利益接近法　　B．好奇接近法

C．产品接近法　　D．问题接近法

20．推销员来到某学校后勤处说："我有办法让贵校在水、电方面的成本减少 20%。"这种接近客户的方法属于（　　）。

A．好奇接近法　　B．利益接近法

C．求教接近法　　D．问题接近法

21．推销员："钱总，您是否注意到我们的控制器使贵公司在上个年度节省了 20%的能源？"这种接近客户的方法属于（　　）。

A．产品接近法　　B．利益接近法

C．求教接近法　　D．问题接近法

22．推销员："这款面霜是我们品牌的最新产品，这里有试用装，您可以体验一下……"这种接近客户的方法属于（　　）。

A．产品接近法　　B．利益接近法

C．馈赠接近法　　D．好奇接近法

23．在凤凰古城的一个卖姜糖的家庭作坊中，制作者沿用传统方法现场加工，将熬好的姜糖拉成长条，挂在门旁的铁钩上，然后用令人眼花缭乱的手法不断将其拉伸、扭转、抛起，金灿灿的姜糖飞腾盘旋，宛如游龙，不断吸引着游客驻足观看。这种接近客户的方法属于（　　）。

A．表演接近法　　B．利益接近法

C．产品接近法　　D．好奇接近法

24．"董院长，您好！昨天从新闻中得知您带领团队在防黑客技术方面又取得了新的突破，您不愧为防黑客技术的权威，我今天是特地来向您请教的"，这位推销员接近客户的方法是（　　）。

A．赞美接近法　　B．利益接近法

C．产品接近法　　D．好奇接近法

25．业务员："这两天你们有没有看××卫视的第一现场，连续两天都是交通事故的新闻！"其他人七嘴八舌地讨论着……业务员："唉，他们的家人都没有买保险，想一下，他们的家人后面的日子可就难过了……"（自然而然地引入保险话题）这位业务员接近客户的方法是（　　）。

A．聊天接近法　　B．利益接近法

C．产品接近法　　D．好奇接近法

26．以下哪种接近客户的方法是其他许多接近方法的基础（　　）。

A．自我介绍法　　B．利益接近法

C．产品接近法　　D．馈赠接近法

27．商务会面中不适当的称呼是（　　）。

A．行政职务　　B．泛尊称

C．技术职务　　D．地方称呼

28．信息反馈率低的约见方式是（　　）。

A．信函约见　　B．电话约见

C．当面约见　　D．委托约见

29．乐百氏“27 层过滤”的卖点提炼角度是（　　）。

A．产品自身　　B．社会观念

C．第一说辞　　D．比较差异

30．在客户接近时，销售人员采用角色扮演法是为了（　　）。

A．适应客户类型　　B．建立良好印象

C．引发客户兴趣　　D．控制接近时间

31．约见客户的时机选择不合适的是（　　）。

A．客户开张营业时　　B．客户家中

C．客户晋升提拔时　　D．客户对原先的商品有意见时

32．实施推销接近需要科学的步骤和方法，其中不包括（　　）。

A．准确无误地称呼客户　　B．恰到好处的自我介绍

C．控制时间，及时转入成交　　D．可信赖地陈述拜访理由

33．信函约见的优点是（　　）。

A．经济快捷　　B．费用低廉

C．值得信赖　　D．简便易行

34．“农夫山泉有点甜”的卖点提炼角度是（　　）。

A．产品自身　　B．第一说辞

C．社会观念　　D．比较差异

35．成功的电话销售开场白不包括（　　）。

A．公司介绍　　B．自我介绍

C．寒暄赞美　　D．产品介绍

二、判断题

1．团体客户主要是指组织与企业购买者。（　　）

2．约见实际上既是接近准备的延续，又是接近过程的开始。（　　）

3．约见客户是推销人员为进行推销洽谈与目标客户进行的初步接触，是推销过程中的一个重要环节。（　　）

4．团体客户最大的特点是购买人的复杂性。（　　）

5．团体客户的客户资讯准备，包括客户的基本情况、组织机构情况、生产经营情况和采购惯例。（　　）

6．对于老客户的客户资讯准备，主要集中在客户基本情况及其补充和客户情况变化两大方面。（　　）

7．拟订拜访客户的访问计划、推销活动日程计划等，可以提高推销效率。（　　）

8．推销访问计划的制订，只要列明访问时间、地点、客户（单位名称/姓名、单位性质/职业）就可以了。（　　）

9．产品（服务）的卖点、与客户接洽方式设计、客户可能提出的具体要求和问题等，也是推销访问计划制订的内容。（　　）

10．推销活动日程计划通常包括拜访日期、拜访对象、客户类型、拜访时间、拜访目的、拜访地点及所需推销工具等。（　　）

11．如果产品好，那么在推销中选十个卖点也不过分。（　　）

12．“卖”是行销，“点”是创意，卖点=行销+创意。（　　）

13．为获得决策人的约见，尊重接待人员和助理人员，并争取接待人员的支持与合作是很必要的。（ ）

14．与客户约见时，应尽量替客户着想，最好由客户确定或由客户主动安排时间。（ ）

15．从大量的推销实践看，可供推销人员选择的约见地点主要有办公室、居住地、公共场所、社交场所。（ ）

16．接近客户的方法有很多，有时候多种方法配合使用，效果会很好。（ ）

17．推销人员在与客户初次见面时，要给客户留下良好的第一印象。（ ）

18．能否最后达成交易，往往取决于推销人员约见客户过程中的表现。（ ）

19．推销人员对客户说："这是我们食品厂最近研制出的新产品，我们特意准备了一些赠送给像您这样与我们合作多年的老顾客品尝，欢迎多提宝贵意见。"这是馈赠接近法。（ ）

20．产品接近法最大的特点是用过硬的产品本身作无声的介绍，所以要求产品具有独特的魅力和明显的差别优势。（ ）

21．让客户产生好感的方法是基于三个出发点——尊重、体谅、使别人快乐。（ ）

22．实践证明，成功的推销在很大程度上取决于推销人员的推销风格与客户的购买风格是否一致。（ ）

23．选择约见地点的基本原则是尊重客户、方便自己、利于推销。（ ）

24．推销访问计划是推销人员在制订推销计划时首先要制订的计划。（ ）

25．接近团体客户需要从其组织机构情况和生产经营情况两个方面进行了解。（ ）

26．确定约见时间要综合考虑交通、地点、路线、天气、安全等方面的因素。（ ）

27．个人客户的接近准备，就是要了解客户需要和购买情况两个方面。（ ）

28．卖点是一种特殊的推销工具。（ ）

29．成功的电话销售开场白有：自我介绍、寒暄赞美、产品介绍等。（ ）

30．当面约见是现在推销活动中最常用的，约见方式简便易行。（ ）

三、名词解释

1．卖点

2．约见客户

3．推销接近

4．介绍接近法

5．利益接近法

6．问题接近法

7．馈赠接近法

8．表演接近法

9．产品接近法

10．赞美接近法

11．求教接近法

12．好奇接近法

13．聊天接近法

14．委托约见

15．广告约见

16．信函约见

四、简答题

1．接近个人客户需要了解哪些情况？

2．接近团体客户需要了解哪些情况？

3．推销工具应符合哪些要求？

4．常见的推销工具有哪些？

5．简述卖点的提炼途径。

6．简述卖点的提炼要求。

7．简述确定约见客户的内容。

8．选择约见客户的方式有哪些？

9．简述电话约见的优点和缺点。

10．简述委托约见的优点和缺点。

11．简述当面约见的优点和缺点。

12．简述信函约见的优点和缺点。

13．简述广告约见的优点和缺点。

14．简述接近客户的技巧。

15．简述接近客户的基本方法。

16．简述利益接近法的注意事项。

17．简述问题接近法的注意事项。

18．简述馈赠接近法的使用原则。

19．简述表演接近法的注意事项。

20．简述产品接近法的优缺点。

21．简述好奇接近法的注意事项。

22．简述聊天接近法的技巧。

提升进阶

1．在一次顶尖推销员的颁奖大会上，一位推销安全玻璃、业绩一直保持第一的推销员讲述了自己的成功经验。他说：“我每次去拜访客户时，都会在包里放上几块小的安全玻璃和一把锤子。面对客户时，我会问他：‘您相信安全玻璃的安全性吗？’如果他说不信，我就会掏出一小块安全玻璃放在他面前，然后用锤子狠狠砸下去。当他们发现玻璃安然无恙时，我就可以问他们：‘你需要多少这样的玻璃？’推销成功了，前后没有超过两分钟。”

问题：

（1）本案例中的推销员成功的秘诀是什么？

（2）若想复制这位推销员的成功，我们该如何做？

2．一名推销人员与某机电公司的购货代理商接洽了半年多，但始终未能达成交易，这位推销人员感到很纳闷，不知道问题出在哪里。思忖之余，他怀疑自己是否在与一个没有决策权的人接洽。为了消除自己的疑虑，他给这家机电公司的总机打了一个匿名电话，询问哪一位先生负责购买机电事宜，最后从侧面了解到具有进货决定权的是公司的总工程师，而不是那个同自己接洽多次的购货代理商。

问题：

（1）这名推销员为何半年多始终未能与机电公司的购货代理商达成交易？

（2）推销人员在确定访问对象时应注意哪些方面的问题？

3．赵经理：您好！我是××保险公司的司丽，和您的同学刘彭涛是好朋友，从他那里得知您在事业上取得了非凡的成就。恭喜您！

我非常想能有机会向您讨教成功之道，同时也让我有机会给您推荐一份新的保障计划，许多与您一样的成功人士对此都很认同，相信对您一定会有帮助。我将在近日内拜访您，恳请接见。

祝万事如意！

司丽呈上

××××年××月××日

问题：

（1）本案例属于什么约见方式？这种约见方式有什么优点和缺点？

（2）请说出运用这种约见方式的建议。

4．有位吸尘器推销员对一位家庭主妇说：“请好好想想，使用这种机器，您就可以从繁重的家务劳动中解放出来，会有更多的时间带您的孩子外出散步，或者有更多的时间与您的丈夫促膝谈心，那不好吗？”

问题：

（1）请说出本案例中的推销员采用的是哪种接近顾客的方法。

（2）请说出运用这种方法接近顾客的建议。

5．一名推销员向一位律师推销保险。律师很年轻，对保险没有兴趣。推销员离开时的一句话却引起了他的兴趣。

推销员说：“王律师，如果您允许的话，我愿继续与您保持联络，我深信您前程远大。”

“前程远大，何以见得？”听口气，他好像是怀疑推销员在讨好他。

“几周前，我有幸看到了您在法庭上的辩论，那是我听过的最精彩的法庭辩论。这不是我一个人的想法，很多人都这么说。”

听了这番话，那位律师竟有点儿喜形于色了。推销员又请教了他是如何靠唇枪舌剑打赢官司的，那位律师的话匣子就打开了，说得眉飞色舞。临别时他对推销员说：“欢迎您随时来访。”

没过几年，这位律师就成为当地非常成功的律师。推销员一直和他保持着联系，还成了好朋友，推销员的保险生意自然也越来越多了。

问题：

（1）请说出本案例中的推销员采用的是哪种接近顾客的方法。

（2）请说出运用这种方法接近顾客的建议。

6．幼儿园门口，家长们等着接孩子，一群妈妈正在闲聊……

业务员：“这深秋过后呀，天会一天比一天凉！”

一位妈妈：“今天我就给宝宝穿上秋衣秋裤了。”

业务员：“天凉可以穿厚点儿，但秋冬季孩子们晒太阳的时候就少了，会缺钙的呀！”

妈妈们：“可不是嘛！”

业务员：“其实宝宝们不仅要晒太阳，而且补钙也不可或缺，各位妈妈知道我们公司专为宝宝们生产的补钙剂吗？”（转入产品话题）

问题：

（1）请说出本案例中的推销员采用的是哪种接近客户的方法。

（2）请说出运用这种方法接近客户的建议。

7. 一家水果店上百斤的香蕉因仓库起火被熏烤得变了颜色，这些香蕉虽然表面变得漆黑难看，但烧烤过的香蕉甜味浓郁、软糯可口，超好吃。水果店老板上网一查，得知：香蕉烤过之后可去除寒性，有温胃的功效。于是，水果店老板挂出来“保健香蕉”的招牌，摊位上的喇叭播放着“保健香蕉，我很丑，但我很暖胃”。这时，走过路过的人们不自觉地被“保健香蕉”和广告语吸引，见有人试吃不错，就你三斤我四斤的，不到一天，“保健香蕉”便销售一空。

问题：

（1）请说出本案例中的水果店老板采用的是哪种接近客户的方法。

（2）请说出运用这种方法接近客户的建议。

8. 推销员：“彭教授，您可是本省物流教学的权威呀！这是我公司开发的仓储管理系统实训软件，请您指导一下，在设计方面还有哪些问题？”

问题：

（1）请说出本案例中的推销员采用的是哪种接近客户的方法。

（2）请说出运用这种方法接近客户的建议。

9．小韩："王校长，您好！刚才刘校长在电话中向您提到的会计实训软件公司的小韩就是我，刘校长他们学校会计实训使用的软件就是我们开发的，这是我的名片。"小韩掏出名片递给坐在办公桌前的王校长。

问题：

（1）请说出本案例中小韩接近王校长采用的是哪种方法。

（2）请说出运用这种方法接近客户的建议。

10．赵峥从容不迫地向客户提出这样的问题：

"如果我送您一套能够帮助您提高工作效率的图书，您打开书后发现内容十分有趣且实用，那么您愿意读一读吗？"

客户："可以拜读。"

赵峥又平心静气地说："若您读了以后非常喜欢这套书，您会买下吗？"

客户："应该会吧。"

赵峥："我这里就有这样一套书送给您，还有一个包，您可以用它把书带回去。如果您读了以后觉得喜欢，就请您把买书的款项打到这个账号上；如果您不喜欢，您就把书还塞到包里给我寄回来，可以吗？"

通过这样的方法，赵峥卖出了上万套图书，成了公司的"销售之王"。

问题：

（1）请说出本案例中赵峥采用的是哪种接近顾客的方法。

（2）请说出运用这种方法接近客户的建议。

11．有一名推销瓷器的推销员，当他把一套餐具中的一个盘子递给瓷器经销商时，故意把盘子掉到地上，盘子却完好无损。当他捡起来后，说道：“这是引导瓷器革命的新技术成果，您的顾客，特别是家里有小孩的顾客，肯定会喜欢这样的产品，难道您不这样想吗？”结果，这个经销商一周后就与他签订了经销合同。

问题：

（1）请说出本案例中这位推销员采用的是哪种接近客户的方法。

（2）请说出运用这种方法接近客户的建议。

12．作为一家精品配饰生产厂家业务员，白灵外出时总会穿着纯色外衣并佩戴自己厂家的新款胸针等配饰，所到之处人们总是被她身上新颖靓丽的配饰所吸引。人们夸赞之余常常会向白灵打听这些配饰在哪里能够买到，而白灵又会不失时机地推销起自己厂家的产品。

问题：

（1）请说出本案例中白灵采用的是哪种接近顾客的方法。

（2）请说出运用这种方法接近客户的建议。

项目四

推销洽谈

要点图解

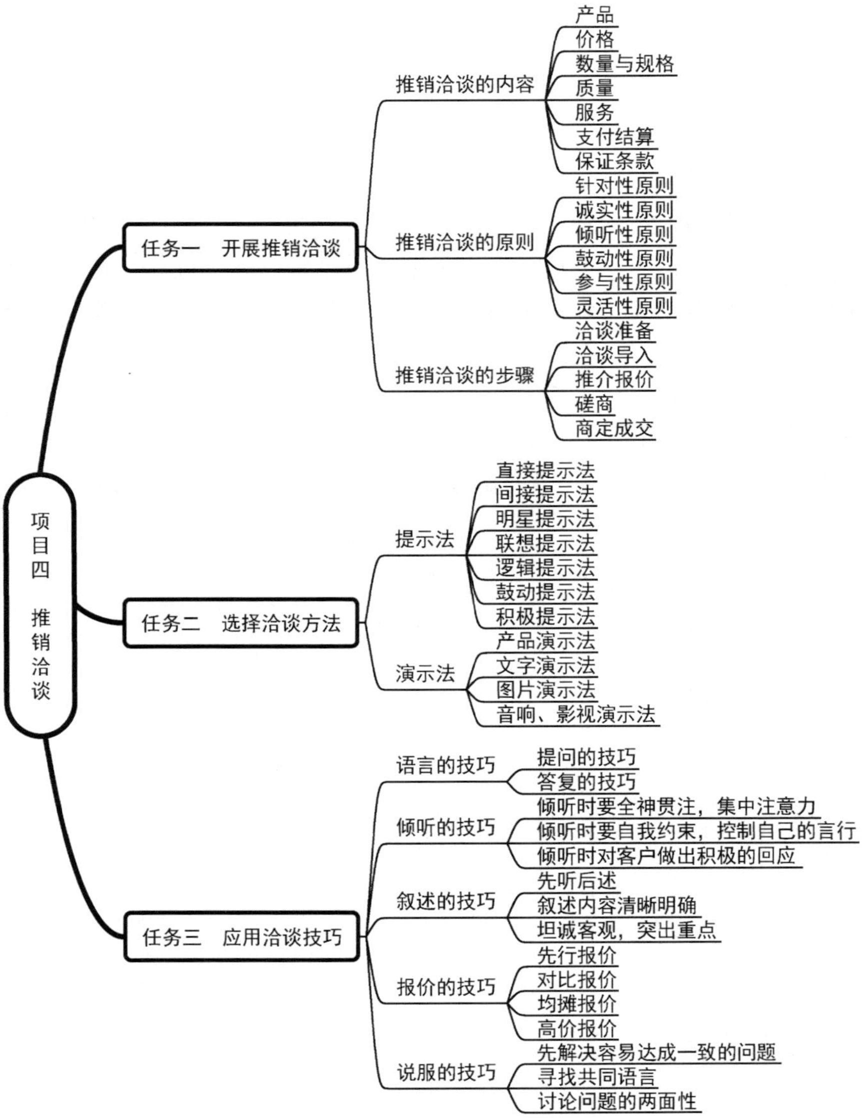

复习要求

1. 掌握推销洽谈的具体内容，能够按照洽谈原则和步骤开展洽谈工作。
2. 重点掌握推销洽谈的各种方法，并能够灵活运用。
3. 掌握推销洽谈技巧，并能够灵活运用。

例题解析

知识点一 推销洽谈的内容

【例题 1】解释“推销洽谈”的含义。

【解析】推销洽谈也称业务谈判，是指推销人员运用各种方式、方法和手段，向客户传递推销信息，说服客户购买推销品的过程。此类题主要考查考生对推销洽谈含义的掌握。此考点在近年考试中有所涉及。

【例题 2】（　　）是整个推销工作的关键性环节。

A．寻找准顾客　　B．推销接近

C．推销洽谈　　D．处理顾客异议

【解析】推销洽谈是整个推销工作的关键性环节，前面所有的工作效果都将在这个环节呈现，最后能否达成交易，往往就取决于推销人员在和客户洽谈过程中的表现。故选 C。此类题主要考查考生对推销洽谈含义的理解。

知识点二 推销洽谈的原则

【例题】判断正误：“销售就是贩卖情绪”体现了推销洽谈中的鼓动性原则。（　　）

【解析】鼓动性原则是指推销人员在推销洽谈的过程中，用自己的信心、热情和丰富的知识感染客户的购买情绪，激发客户采取购买行动。故此题判断为正确。此类题主要考查考生对不同推销原则的理解与认识。此考点在近年考试中多次涉及。

知识点三 推销洽谈的步骤

【例题 1】产品介绍的最后环节是（　　）。

A．产品优势　　B．产品报价

C．产品性能　　D．产品售后

【解析】产品报价是产品介绍的最后环节，对产品进行报价是洽谈过程中买卖双方最敏感的内容。所以，报价一定要谨慎，尽量在其他条件都谈成之后再提价格，故选 B。此类题主要考查学生对推销洽谈过程的理解和掌握。此考点在近年考试中多次涉及。

【例题 2】完整的推销过程一般包括推介报价、磋商和商定成交。（　　）

【解析】一次完整的推销洽谈过程一般分为以下五个步骤：洽谈准备、洽谈导入、推介报价、磋商（讨价还价）、商定成交。故此题判断为错误。此类题主要考查学生对推销洽谈步骤的理解和掌握。此考点在近年考试中有所涉及。

知识点四 提示法

【例题 1】解释“联想提示法”的含义。

【解析】联想提示法是指推销人员通过提示事实描述情景，使客户产生某种联想刺激客户产生购买欲望的推销洽谈方法。此类题主要考查考生对“联想提示法”定义的掌握，建议考生牢固掌握不同提示法的定义。此考点在近年考试中有所涉及。

【例题 2】“天气越来越热了，衣服不仅要美观，还要舒适，您看我们新推出的棉麻系列，简约大气还不沾身。”推销员使用了（　　）。

A．直接提示法　　B．逻辑提示法

C．间接提示法　　D．鼓动提示法

【解析】逻辑提示法是指推销人员使用逻辑推理来劝说客户购买推销产品的一种洽谈方法，通过逻辑推理的引导，推销人员能够很快地和客户达成共识，但在应用中要注意逻辑推理的合理性。故选 B。此类题主要考查考生对提示法的理解和掌握，并且提醒考生要重视教材中的案例。此考点在近年考试中有所涉及。

知识点五　演示法

【例题 1】解释“演示法”的含义。

【解析】演示法就是直观的示范方法，是推销人员运用非语言的形式，通过实际操作所推销的产品或辅助物品，让客户通过视觉、听觉、味觉、嗅觉和触觉直接感受推销产品的相关信息，最终促使客户购买的洽谈方法。此类题主要考查考生对演示法定义的掌握情况。此考点在近年考试中有所涉及。

【例题 2】文字演示法中展示的文字资料不包括（　　）。

A．产品说明书　　B．产品价格表

C．质量检测证书　　D．客户评价反馈

【解析】文字演示法中展示的文字资料主要包括产品的介绍宣传单、产品说明书、产品价格表、质量检测证书，以及其他的产品文字介绍。故选 D。此类题主要考查考生对文字演示法的掌握和理解。此考点在近年考试中有所涉及。

【例题 3】（　　）特别适合大型、复杂的产品展示，是应用越来越多的一种洽谈方法。

A．文字演示法　　B．产品演示法

C．图片演示法　　D．音响、影视演示法

【解析】音响、影视演示法将大量的推销信息与推销情景融为一体，通过生动形象的多媒体技术，充分调动客户的视觉和听觉，对客户产生强烈的吸引力，特别适合大型、复杂的产品展示，是应用越来越多的一种洽谈方法。故选 D。此类题主要考查考生对演示法的理解和掌握。此考点在近年考试中有所涉及。

知识点六　语言的技巧

【例题】“明天可以给您送货，您看上午还是下午？”采用了（　　）。

A．直接型提问　　B．协商型提问

C．婉转型提问　　D．限制型提问

【解析】限制型提问一般是推销人员向客户的提问中仅包含有限的两个方案可供选择，客户必须在这两个方案中确定一个，不经意间就接受了推销人员的意见。故选 D。此类题主要考查考生对几种语言技巧的理解和掌握，以及各语言技巧之间的区别。此考点在近年考试中有所涉及。

知识点七 倾听的技巧

【例题】判断正误：倾听时推销人员要及时对客户进行回应，才会使倾听获得良好的效果。（ ）

【解析】倾听时推销人员要及时对客户进行积极的回应，这样才会使倾听获得良好的效果。例题中少了“积极”二字，推销员回应的结果就不一定能得到良好的效果了。故此题判断为错误。此类题考查学生对倾听技巧的理解和掌握。

知识点八 叙述的技巧

【例题】以下哪一项不属于叙述技巧（ ）。

A．先听后述　　B．倾听时对客户做出积极回应

C．叙述内容清晰明确　　D．坦诚客观，突出重点

【解析】倾听技巧包括：倾听时要全神贯注，集中注意力；倾听时要自我约束，控制自己的言行；倾听时对客户做出积极的回应。叙述技巧包括：先听后述；叙述内容清晰明确；坦诚客观，突出重点。选项B属于倾听技巧。故选B。此类题主要考查学生对叙述技巧的理解和掌握，以及叙述技巧与倾听技巧之间的区别。

知识点九 报价的技巧

【例题1】推销员的报价技巧不包括（ ）。

A．先行报价　　B．对比报价

C．均摊报价　　D．低价报价

【解析】报价技巧包括先行报价、对比报价、均摊报价、高价报价，故选D。此类题主要考查考生对报价技巧的理解和掌握。此考点在近年考试中有所涉及。

【例题2】推销员A：为动员天然气用户参加保险，宣传说：“每天只需1元钱即可参加保险，如果遇到事故，可以获得最高10万元的保险赔偿金。”

推销员B：“我们的手机是专门为像您这样的精英人士设计的，走的就是高端商务路线，所以它的市场零售价定在9 888元。”

推销员C：“我们的产品与市场同类产品相比，不仅外观更加简约时尚，而且功能也更加完备，现在产品只需299元，比市场同类产品最多低300元呢。”

问题：

（1）以上三位推销员分别采取了什么报价技巧？

（2）简述这些报价技巧的优势。

【解析】根据案例可以看出：（1）三位推销员分别采用的报价技巧是：推销员A采用的是均摊报价；推销员B采用的是高价报价；推销员C采用的是对比报价。（2）这三种报价技巧的优势分别是：①均摊报价的优势：通过分解使用单位或缩短时间单位的方式将价格的数字降低到比较容易接受的范围内，促使洽谈能够顺利进行。②高价报价的优势：推销员故意将产品的价格报得很高，为自己多留一些利润的空间，并在价格上对客户做了较大让步，满足客户的心理，使价格能够更快地达成一致。③对比报价的优势：对比报价法要求推销人员不仅向客户报出所推销产品的价格，同时列举出其他同类产品的价格，通过对比，凸显所推销产品的优势。此类题旨在考查考生对报价技巧的理解和灵活运用。此考点在往年考题中有所涉及。

知识点十　说服的技巧

【例题】判断正误：在与客户讨论分歧问题的过程中，推销人员要尽量强调对自己有利的一面，避开不利的一面，避免顾客反感。（　　）

【解析】在与客户讨论分歧问题的过程中，推销人员要本着诚实守信的原则，从问题的两面性出发来探讨，不能只是一味地强调对自己有利的一面，否认或避开不利的一面。故此题判断为错误。此类题主要考查考生对说服技巧的理解和掌握。

基础训练

一、单选题

1. 推销员："这个新型拖把头具有专利设计，可以 360° 任意旋转，均匀清洁，轻松深入任何角落。大姐，您不妨来试试！"这位推销员在推销过程中遵循了（　　）。

A. 针对性原则　　B. 鼓动性原则

C. 参与性原则　　D. 灵活性原则

2. 一位女士就一款大衣价格与营业员讨价。营业员："看大姐诚心想买这件大衣，虽然店里规定只能按标价出售，但我可以启用我自己的员工内购价：打 8 折。"这位营业员在推销过程中遵循了（　　）。

A. 针对性原则　　B. 鼓动性原则

C. 参与性原则　　D. 灵活性原则

3. 置业顾问："郑州 BGY 豫府作为 BGY 地产匠心之作，是 BGY 在郑州的最高端产品。这个项目择址郑州北龙湖，距北龙湖金融岛 1 千米，与西运河隔路相望，占据了最具优势的北龙湖核心生态、地段资源。"这位置业顾问在推销过程中遵循了（　　）。

A. 针对性原则　　B. 鼓动性原则

C. 参与性原则　　D. 灵活性原则

4. 客户用了近半个小时讲述她望子成龙的渴望及对工资收入的抱怨，置业顾问小张始终保持微笑，说道："李女士，您真的不容易，是位不可多得的好妈妈！您需要的是优质小学的学区房，而且房价相对较低的。对吗？"这位置业顾问在推销过程中遵循了（　　）。

A. 针对性原则　　B. 倾听性原则

C. 参与性原则　　D. 灵活性原则

5. 智能手机促销员小明："这款手机是××品牌 P 系列高端品牌，存储容量为 256 GB，1 600 万像素，手机屏幕大，上网速度快，拍摄效果佳。像您这样的大学老师，用它上网课一定很方便。"小明在推销过程中遵循了（　　）。

A. 针对性原则　　B. 倾听性原则

C. 参与性原则　　D. 灵活性原则

6. 店员："姑娘，您可看好了，这双拖鞋左脚跟处有一道圆珠笔印记，但它不影响使用，而且很划算，打 5 折。"店员在推销过程中遵循了（　　）。

A. 诚实性原则　　B. 倾听性原则

C. 参与性原则　　D. 灵活性原则

7.（　　）就是买卖双方讨价还价的阶段。

A．洽谈导入　　B．磋商
C．推介报价　　D．商定成交

8．（　　）是推销洽谈中最重要的内容，也是洽谈中最为敏感的问题。

A．商品品质　　B．商品数量
C．商品价格　　D．销售服务

9．营业员：“赵先生，这款车很畅销，假如您现在预定的话，春节前新车就会到，届时您回老家就方便了。请问您今天能预订吗？”营业员使用的是（　　）。

A．直接提示法　　B．联想提示法
C．鼓动提示法　　D．明星提示法

10．FH 奶粉推销员：“FH 奶粉更适合中国宝宝体质，国际明星都为我们奶粉做代言了，您可以放心买！”推销员使用的是（　　）。

A．直接提示法　　B．联想提示法
C．鼓动提示法　　D．明星提示法

11．置业顾问：“王先生，请您闭上眼睛，想象一下您带着您的夫人和孩子在我们小区的竹林小径中散步，风吹动了竹叶，发出沙沙的声音，竹叶中洒下一缕缕的阳光，非常地温馨，深呼吸一口气，闻到的都是那种满含青草味的新鲜空气，您和您的夫人、孩子都会很开心的……王先生，您就买吧！”置业顾问使用的是（　　）。

A．逻辑提示法　　B．联想提示法
C．鼓动提示法　　D．间接提示法

12．营业员：“现在，修皮鞋 50 元起价，可买双新鞋打折后才 150 元，怎么也能穿上 3 年，还是新鞋既经济又有排场。”营业员使用的是（　　）。

A．逻辑提示法　　B．联想提示法
C．鼓动提示法　　D．间接提示法

13．营业员：“这双内置增高鞋，再配穿一条直筒裤，显得腿很长，不买您会后悔的。”营业员使用的是（　　）。

A．直接提示法　　B．联想提示法
C．鼓动提示法　　D．间接提示法

14．推销员：“业内人都知道，××企业购买了这套设备后，取得了很好的效益，其他一些企业也在考虑购买呢！连报纸都刊登了……”推销员使用的是（　　）。

A．直接提示法　　B．联想提示法
C．鼓动提示法　　D．间接提示法

15．营业员：“李女士，您穿上这件风衣，气质太好了，简直就是活脱脱的《三十而已》中的王漫妮！”营业员使用的是（　　）。

A．直接提示法　　B．联想提示法
C．鼓动提示法　　D．积极提示法

16．（　　）能够对客户产生强烈的吸引力，特别适合大型、复杂的产品展示。

A．图片演示法　　B．产品演示法
C．文字演示法　　D．音响、影视演示法

17．下列不属于演示洽谈法的是（　　）。

A．产品演示法　　B．图片演示法
C．音响、影视演示法　　D．人员演示法

18．推销人员通过演示有关推销品的图片资料来劝说客户购买推销品的洽谈方法属于（　　）。

A．产品演示法　　B．文字演示法
C．图片演示法　　D．音响演示法

19．某厨具营业员在展厅中用本品牌的厨具烹饪食物，并将做好的食物分享给来往客户。这种做法属于（　　）。

A．产品演示法　　B．文字演示法
C．图片演示法　　D．音响演示法

20．营业员："您看看这个眼镜框怎么样？"这种提问属于（　　）。

A．婉转型提问　　B．协商型提问
C．启发型提问　　D．限制型提问

21．营业员："这个粉饼，您想试用哪个色系的？"这种提问属于（　　）。

A．婉转型提问　　B．协商型提问
C．启发型提问　　D．限制型提问

22．"这款鞋子有适合您的尺码，您要不要试一试？"这种提问属于（　　）。

A．婉转型提问　　B．协商型提问
C．启发型提问　　D．限制型提问

23．营业员："这件上装，您想选S码还是M码？"这种提问属于（　　）。

A．婉转型提问　　B．协商型提问
C．启发型提问　　D．限制型提问

24．推销人员叙述时，应采用的技巧是（　　）。

A．先述后听　　B．先听后述
C．边听边述　　D．言而不尽

25．推销人员："这个等级的西洋参每克才0.80元。"这种报价技巧采用的方法是（　　）。

A．先行报价　　B．均摊报价
C．对比报价　　D．高价报价

26．推销人员对男性客户说："这款皮带是贵了点，但也只相当于一条红塔山，少抽一条烟换来一条优质皮带，能用很多年，又有风度，很值得。您说是不是？"这种报价技巧采用的方法是（　　）。

A．先行报价　　B．均摊报价
C．对比报价　　D．高价报价

27．营业员："您来看看这个货柜，这上面的鞋一律3折，这是我们店5周年店庆力度最大的活动价格。"这种报价技巧采用的方法是（　　）。

A．先行报价　　B．均摊报价
C．对比报价　　D．高价报价

28．营业员："这款手机售价5 928元，内存是8 GB+256 GB，是最新上市的HW P40。"这种报价技巧采用的方法是（　　）。

A．先行报价　　B．均摊报价
C．对比报价　　D．高价报价

29．在洽谈过程中要想说服客户，对于有争议的问题应采取（　　）的方式解决。
A．先易后难　　B．先难后易
C．所有问题一并处理　　D．顺其自然

30．（　　）是洽谈的最基本内容，也是客户购买产品的基础性因素之一。
A．产品本身　　B．价格
C．质量　　D．服务

31．（　　）是洽谈双方最关心的内容，因为它直接影响买卖双方的经济利益。
A．支付结算　　B．价格
C．质量　　D．服务

32．（　　）是推销人员最基本的行为准则。
A．针对性原则　　B．诚实性原则
C．倾听性原则　　D．鼓动性原则

33．推销洽谈的最后一步是（　　）。
A．讨价还价　　B．商定成交
C．货款回收　　D．售后服务

34．推销人员主要根据（　　）来确定洽谈的内容。
A．企业所能提供的产品　　B．顾客的需求
C．市场行情　　D．洽谈的环境

35．以下不属于推销洽谈目的的是（　　）。
A．确定目标顾客　　B．向客户传递信息
C．激发客户购买欲望　　D．说服客户采取购买行动

二、判断题

1．一次成功的推销洽谈是推销人员和客户之间进行信息交换、双向沟通的过程。（　　）

2．“免费试用”是一个促使客户接受产品的法宝。（　　）

3．实际推销过程中，成功地接近客户不一定带来成功的交易。（　　）

4．任何形式的推销洽谈，其核心内容都应该以推销的产品为基础，围绕客户的关注点和利益点来确定，而不是漫无目的地闲聊。（　　）

5．“良好的开端等于成功的一半”，洽谈以什么样的方式导入是至关重要的。（　　）

6．推销洽谈能否顺利进行，能否洽谈成功，关键在于价格是否适宜。（　　）

7．在推销洽谈中，买卖双方应采用一致的计量单位和计算方法。（　　）

8．在洽谈过程中，推销人员应当准确、真实地将所承诺的服务内容告知客户，解除客户的后顾之忧。（　　）

9．质量是产品的保证，也是影响产品价格的重要因素，所以推销洽谈应该只围绕质量来磋商。（　　）

10．“如果产品在送货、安装、调试的过程中发生任何问题，一切费用和损失由我方承担。”这属于推销洽谈的服务方面的内容。（　　）

11．产品推介的主要内容就是产品本身的属性。（　　）

12．推销人员在推介报价过程中要注意寻找客户的兴趣点和兴奋点，寻求客户的认同。（　　）

13．产品报价要综合考虑产品价值和洽谈破裂风险等因素。（　　）

14．产品本身其实就是具有说服力的“推销员”。（　　）

15．无论何种形式的推销洽谈，其核心内容都应该以推销服务为基础。（　　）

16．推销人员应该翔实、全面地向客户介绍产品本身的款式、功能特点，特别是产品的突出特色等，更应重点介绍。（　　）

17．当客户的需求量较大时，洽谈应给予一定的优惠条件以争取产品销售数量的增加。（　　）

18．由推销人员提出方案，以征求客户意见的形式提出问题，诱导客户给出预期答案的提问是启发型提问。（　　）

19．对于客户提出的问题，推销人员必须有问必答。（　　）

20．推销人员在与客户洽谈时应当把握洽谈的主动权，让客户少说话。（　　）

21．倾听客户讲话时要全神贯注，不仅要自我约束，而且还要对客户做出积极的回应。（　　）

22．推销洽谈的方法主要分为提示法和演示法两大类。（　　）

23．推销人员在实际推销洽谈中，应对各类方法和技巧应因时、因地、因人的不同而加以灵活运用。（　　）

24．在没有摸清对方虚实之前，先虚设一问，投一颗“问路的石子”，达到提问的目的的提问技巧是婉转型提问。（　　）

25．在推销中，“说赢客户，才能说服客户”是王道，所以为了说服客户，可以不惜与顾客争吵。（　　）

26．价格是推销人员与客户最容易产生分歧的内容，也是推销洽谈顺利进行的最大障碍之一。（　　）

27．客户购买产品数量的多少直接影响最终的成交价格。（　　）

28．在推销洽谈中，支付结算的问题是必须要谈到的内容。（　　）

29．答复技巧中，对于客户提出的问题不轻易给出承诺。（　　）

30．倾听时，推销员不要打断顾客谈话，也不要有肢体语言，要安静地听，才会使倾听获得良好的效果。（　　）

三、名词解释

1．推销洽谈
2．磋商
3．提示法
4．直接提示法
5．间接提示法
6．明星提示法
7．联想提示法
8．逻辑提示法
9．鼓动提示法
10．积极提示法
11．演示法
12．产品演示法
13．文字演示法
14．图片演示法
15．音响、影视演示法
16．婉转型提问
17．协商型提问
18．启发型提问

19．限制型提问

四、简答题

1．简述推销洽谈的具体内容。

2．简述推销洽谈的原则。

3．简述推销洽谈的步骤。

4．简述洽谈准备工作的具体内容。

5．简述推销洽谈的方法。

6．简述推销洽谈中的倾听技巧。

7．简述推销洽谈中的提问技巧。

8．简述推销洽谈中的报价技巧。

9．简述推销洽谈中的说服技巧。

10．简述推销洽谈中的叙述技巧。

11．简述推销洽谈中的答复技巧。

12．简述产品演示法的基本原则。

13．简述磋商的策略。

14．简述演示法的常见形式。

15．简述产品演示的技巧。

提升进阶

1．某珠宝店来了一位有钱的客人，要看一枚钻石。珠宝店派出最好的推销人员来接待这位“财神”，可洽谈后客人并不满意。当客人要离开的时候，店老板请客人再考虑一下，并亲自介绍这枚钻石，结果仅用了几分钟，客人就决定买下这枚钻石了。后来有人问店老板他是如何推销的，老板说：“我的推销人员精通钻石，而我却热爱钻石，这就是差别。”

问题：

（1）如何理解店老板所提到的对商品热爱的内涵。

（2）此次推销洽谈遵循的原则是什么？

2.（案例 1）某柴油机厂为打开该厂“金牛”牌柴油机在内蒙古自治区的市场，举行了一场别开生面的“拔河赛”。一台装有“金牛”牌柴油机的拖拉机，与十几台装有相同马力、不同牌号柴油机的拖拉机轮番较量，无不取胜。

（案例 2）推销员：“王经理，您是相信新闻媒体的，尤其相信党报，这是《人民日报》刊登的关于我们厂的消息。您看，这是中央领导到我们厂参观视察的报道。”推销人员把报纸的复印件及其中画了红线的地方指给王经理看。

（案例 3）楼房推销员对顾客说：“您看看！这是在地盘上实地拍摄的照片。您看，远处是山，近处是水，这是超市、学校、公路，楼房位置就在这里。这里风景美丽、交通方便，不久肯定会升值，实在是买屋置业的好地方。”推销员把屋子及四周景色的实际拍摄照片递给顾客看，并介绍着说。

（案例 4）一位推销员在郑州推销生长在高山云雾中的绿色蔬菜，把种植蔬菜的某高山盆地的风景及蔬菜的长势拍摄成录像带，在超市门口播放，宣传无化肥、无农药污染蔬菜的好处，一下子吸引了来超市购物的顾客，从此打开了郑州市场。

问题：

以上四个案例中，企业和推销员在洽谈时各使用了什么演示方法？各有什么特点？

3.（案例 1）推销员：“购买我们的变频空调不仅可以让您生活舒适，而且可以让您更加省电、省钱。”

（案例 2）推销员：“王太太服用了我们的降压药才两个月，血压就正常了。”

（案例 3）推销员：“××公司（某著名大公司）买的就是我们这个规格的冲压机。”

（案例 4）推销员：“试想一下，您为孩子买了这台学习机，就等于把全国最好的名师请到家，孩子学得轻松，您也不用费神自己辅导孩子了！”

（案例 5）推销员：“您的孩子还没上学吗？”客户：“是啊。”推销员：“那他将来从小学到大学需要很大的一笔费用吧？”客户：“那肯定啊。”推销员：“那您想过这么大的一笔费用从何而来吗？”客户：“确实还没有想过。”推销员：“我们公司现在有一套非常适合您和您孩子的投资理财方案……”

（案例 6）推销员：“这块手表特别适合像您这样的成功人士，戴上之后能够彰显您的高贵身份，而且本店这款手表只有这一块存货，要是被别人抢先了，您就再也买不到了。”

（案例 7）推销员：“欢迎参加我们社的旅游团，景点多、价格低、服务优是我们的最大优势。”

问题：

以上七个案例中，推销员各使用了什么提问方法？各有什么特点？

4. 甲方和乙方就供货合同的谈判已进入了讨价还价的阶段。这时，由作为买方的甲方首先开价。

甲方：“刚才已经谈到了，你们厂的产品不但在质量方面无可挑剔，售后服务工作也相当完善，但现在市场上供大于求。因此，我们认为此次产品的价格应定为 2 万元。”

这时，乙方可能有多种反应。

第一种反应：大吃一惊。“别开玩笑了，我们卖给别人都 2.5 万元了。你们给出的价格也太离谱了吧！”

第二种反应：很平静。“噢，太低了吧。能不能再让利一些？”

问题：

（1）本案例中乙方的两种反应，传递了乙方的哪些信息？

（2）在推销洽谈中，推销人员在倾听技巧上应注意哪些方面？

5.（案例 1）一位资深推销员对客户说：“王小姐，我们店里进了几款今年流行的头饰，今天下午我可以给您送过去，您 2 点钟还是 3 点钟有空？”王小姐：“3 点钟来比较好。”当她说这句话时，约定已经达成了。

（案例 2）客户：“过两天就是‘三九’了，你这里有没有厚一些的保暖服？”推销员：“您想出什么价呢？”客户：“别太贵就行！”

（案例 3）推销员：“优惠活动今天就结束了，您看是否今天就提货？”

（案例 4）4S 店推销员对试驾的买主说道：“这款车的操控感还不错吧？您能评价一下吗？”

问题：

以上四个案例中，推销员各使用了什么提问方法？它们各有什么特点？

6.（案例 1）买方：“请问您觉得我们这次交易能否获得成功？是充满了信心的吗？”卖方：“我想贵方应当已经充分了解我方在价格上的立场，只要价格合适，我想我们应当是信心百倍的。”

（案例 2）客户：“这种产品的价格打五折还差不多！”推销员：“请让我先把这种产品

的几种特殊性能说明一下好吗？您一定会对这种产品感兴趣的，我相信我们的价格也会令您满意的。”

（案例 3）客户：“这批产品能不能再给我让利 10%？”推销员：“对不起，这个问题我要请示一下经理，一会儿给您电话答复。”

问题：

（1）以上三个案例中，推销员在洽谈中的答复技巧各是什么？

（2）一般情况下，推销人员在洽谈中回答客户问题时应注意什么？

7.（案例 1）推销员：“为了使您对我们的产品有更加清楚的认识，首先介绍一下，我们产品现在的报价是 368 元。”

（案例 2）推销员：“我们的产品和市场上同类产品相比，不仅色泽更加鲜明，而且功能更加完善，市场上同类产品最低要 500 多元，我们的产品只要 368 元。”

（案例 3）某保险公司为动员液化石油气用户参加保险，宣传说：“参加液化气保险，每天只缴保险费一元，若遇到事故，则可得到高达一万元的保险赔偿金。”

（案例 4）“我们的西装是专门为以您为代表的商务成功人士而设计的，走的就是高端路线，所以它的市场零售价定在了 16 888 元。”

问题：

以上四个案例中，推销员在洽谈时各采用了什么报价技巧？采用这些报价技巧有什么特点？

8. 推销员：“这款新能源汽车现在卖得很火，我们这里每卖出 5 辆就有 3 辆是这款车，你看我们经理买的就是这款车。”

问题：

（1）推销员采用了哪种洽谈方法？

（2）简述这种洽谈方法的含义及优势。

项目五

处理客户异议

要点图解

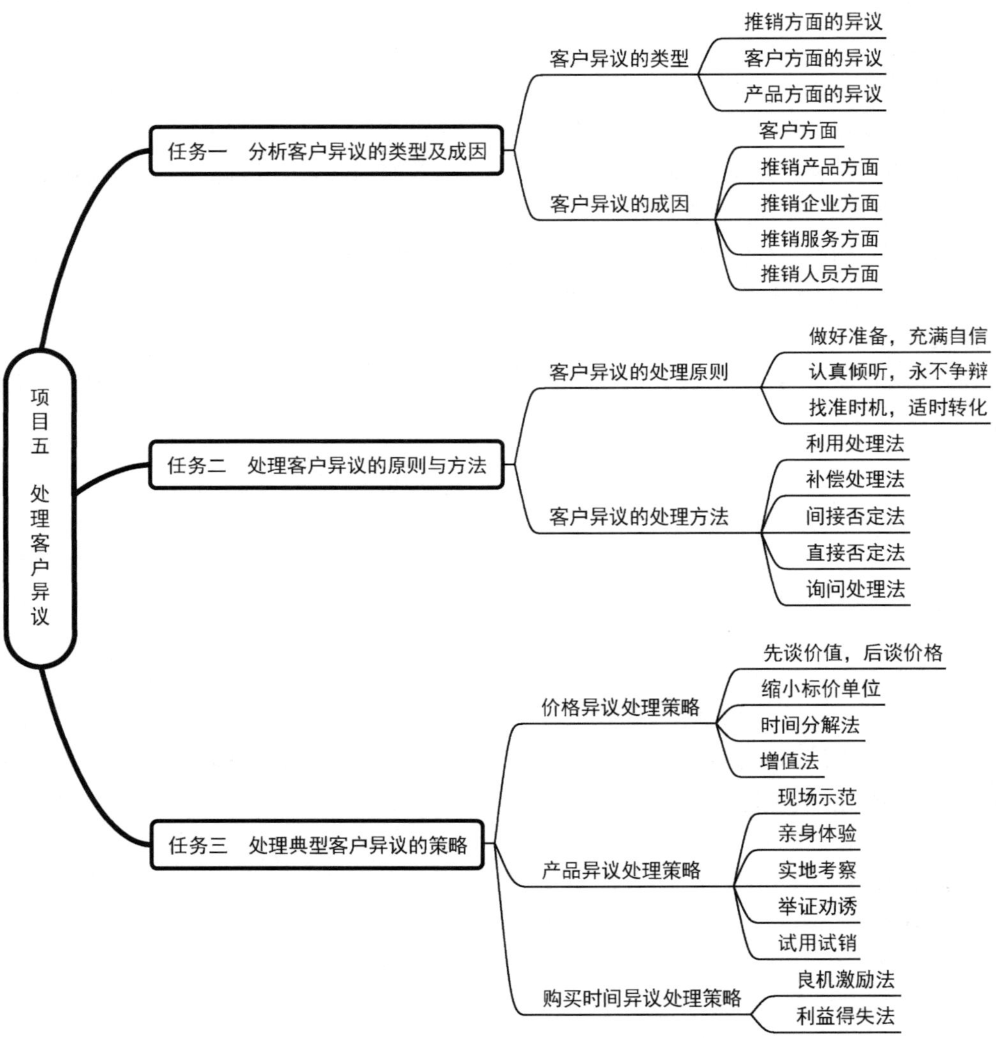

复习要求

1. 理解客户异议产生的原因，掌握客户异议的类型。
2. 理解处理客户异议的原则，重点掌握处理客户异议的时机和基本方法。
3. 掌握处理典型客户异议的策略，并能够灵活运用。

例题解析

知识点一 客户异议的类型

【例题 1】（　　）是指客户对推销品的来源、厂家的信誉提出反对意见。

A．企业异议　　B．需求异议
C．产品异议　　D．服务异议

【解析】企业异议是指客户对推销品的来源、厂家的信誉提出反对意见。故选 A。此类题主要考查考生对推销方面的异议的理解。

【例题 2】"我只用××牌的化妆品。""我们有固定的进货渠道。"体现的客户类型是（　　）。

A．企业异议　　B．产品异议
C．需求异议　　D．服务异议

【解析】企业异议是指客户对推销品的来源、厂家的信誉提出反对意见，故选 A。此类题主要考查考生对推销方面的异议的理解，考生要举一反三，熟练掌握客户异议的三种类型的特点，并能够灵活应用。此考点在近年考试中多次涉及。

知识点二 客户异议的成因

【例题】导致客户异议的企业方面的原因是（　　）。

A．企业缺乏知名度　　B．社会评价较低
C．企业形象不佳　　D．以上都对

【解析】企业方面的原因包括：企业缺乏知名度，社会评价较低，企业形象不佳。故选 D。此类题主要考查考生对客户异议产生的原因的了解。此考点在近年考试中多次涉及。

知识点三 客户异议的处理原则

【例题】判断正误："预防拒绝是克服拒绝的最佳方法"，这是推销人员面对客户拒绝时应遵循的一个基本原则。（　　）

【解析】销售前，销售人员要充分估计客户可能提出的异议，尽可能想出解决办法，做到心中有数，有备无患。故此题判断为正确。此类题主要考查考生对处理客户异议时必须遵循的基本原则的掌握。

知识点四 客户异议的处理方法

【例题】（　　）是指利用客户异议以外的，能够对客户异议予以其他利益补偿的方法来处理客户异议。

A．利用处理法　　B．平衡法
C．间接否定法　　D．直接否定法

【解析】补偿处理法又称为抵消法、平衡法或者利弊分析法，是指利用客户异议以外的、能够对客户异议予以其他利益补偿的方法来处理客户异议。故选 B。此类题主要考查考生对客户异议的处理方法的理解和记忆。此考点在近年考试中多次涉及。

知识点五　价格异议处理策略

【例题 1】顾客："这个品牌 500 克包装的牛肉包装一换，价格就涨了！"

营业员："您好！我们这款 500 克包装的牛肉是高品质的高端牛肉，为了使顾客得到实惠，包装由原来每箱 5 包改为现在每箱 8 包，细算下来每包还便宜了 10%左右呢！"推销员采用的处理策略是（　　）。

A．先谈价值，后谈价格　　B．缩小标价单位法
C．增值法　　D．时间分解法

【解析】推销人员可以改变推销品的标价单位，将标价的单位尽可能缩小，以减少高价对客户的心理冲击，使客户产生"花费不多"的便宜感觉。故选 B。此类题主要考查考生对缩小标价单位的掌握。

【例题 2】一位房地产销售员对客户说："我们的房子位置是偏僻了点，可是这里未来规划有地铁站，还有幼儿园和学校，两三年以后，这里就会繁华起来。到那时候，你手中的房子还会是这个价吗？早该翻几番了。"这种处理价格异议的策略属于（　　）。

A．先谈价值，后谈价格　　B．缩小标价单位法
C．增值法　　D．时间分解法

【解析】案例中房价两三年后能翻几番，正体现了客户追求小投入大收获的心理。故选 C。此类题主要考查考生对价格异议处理策略的常用方法的掌握。

知识点六　产品异议处理策略

【例题 1】"百闻不如一见，一见不如一试。"产品异议的处理策略是（　　）。

A．现场示范　　B．亲身体验
C．实地考察　　D．举证劝诱

【解析】让客户亲自体验产品，会对推销品产生良好的第一印象与情感，继而想拥有它，在这个基础上推销，成功的可能性大大增加。故选 B。此类题主要考查考生对产品异议处理策略的理解与运用。

【例题 2】下列属于处理产品异议策略的是（　　）。

A．亲身体验法　　B．增值法
C．时间分解法　　D．缩小标价单位

【解析】产品异议处理策略包括：现场示范、亲身体验、实地考察、举证劝诱、试用试销五个方面。故选 A。此考点在近年考试中多次涉及。

知识点七　购买时间异议处理策略

【例题 1】推销员："机不可失，失不再来。今天是打折活动的最后一天，到明天就恢复原价了。"这位推销人员处理客户异议的策略是（　　）。

A．良机激励法　　B．时间分解法

C. 利益得失法　　D. 关键时刻法

【解析】良机激励法是利用对客户购买有利的机会来激励客户，促使其当机立断，拍板成交。使用这种方法要保证“良机”的真实性，不可欺骗客户，故选 A。此类题主要考查考生对购买时间异议处理策略的掌握。

【例题 2】属于购买时间异议处理策略的是（　　）。

A. 时间分解法　　B. 亲身体验法

C. 举证劝诱法　　D. 利益得失法

【解析】购买时间异议处理策略包括两个方面：良机激励法利用对客户购买有利的机会来激励客户，促使其当机立断，拍板成交。使用这种方法要保证“良机”的真实性，不可欺骗客户；利益得失法是推销人员要说服客户：“早买早受益，多受益；晚买晚受益，少受益”，及时购买推销品，将会获得更多的利益和好处，如果不及时购买推销品，将会使自己的利益遭受损失。故选 D。此类题主要考查考生对购买时间异议处理策略的掌握。此考点在近年考试中多次涉及。

基础训练

一、单选题

1. 在推销活动中，不属于推销人员经常遇到的客户异议类型是（　　）。

A. 推销方面的异议　　B. 客户方面的异议

C. 产品方面的异议　　D. 场地方面的异议

2. 客户：“你们保险公司的推销员也太烦人了，整天打电话。我对保险没兴趣。”这种异议类型是（　　）。

A. 推销方面的异议　　B. 客户方面的异议

C. 产品方面的异议　　D. 场地方面的异议

3. 客户接到推销员打来的电话后说：“我正在开会，这事儿以后再说。”这种异议类型是（　　）。

A. 推销方面的异议　　B. 客户方面的异议

C. 产品方面的异议　　D. 场地方面的异议

4. 客户对手机销售员说：“这会儿 HW 的 P40 都出来了，这款 HW 的 P30 还没降价。”这种异议类型是（　　）。

A. 推销方面的异议　　B. 客户方面的异议

C. 产品方面的异议　　D. 场地方面的异议

5. 客户：“我的存货已经很多了，恐怕没有资金再进货了。”这是客户的（　　）。

A. 需求异议　　B. 购买决策权异议

C. 购买时间异议　　D. 支付能力异议

6. 客户：“我做不了主，得由我们总经理批准。”这是客户的（　　）。

A. 需求异议　　B. 购买时间异议

C. 购买决策权异议　　D. 支付能力异议

7. 面对酒水推销员，客户（饭店老板）说：“来我这儿吃饭的都是工薪阶层，这酒价格太高，不适合我这小店。”这是客户的（　　）。

A．需求异议　　B．购买决策权异议
C．购买时间异议　　D．支付能力异议

8．客户：“我们研究一下，回头告诉你。”这是客户的（　　）。

A．需求异议　　B．购买决策权异议
C．购买时间异议　　D．支付能力异议

9．客户：“我一直用的是××公司的产品。”这是客户的（　　）。

A．需求异议　　B．购买决策权异议
C．推销人员异议　　D．企业异议

10．客户：“一直以来都是你们公司销售部的刘涛联系我，没听说换人呀！”这是客户的（　　）。

A．产品异议　　B．购买决策权异议
C．推销人员异议　　D．企业异议

11．客户：“这套餐具和旁边的那套看上去差不多，怎么这套就贵了100元？”这是客户的（　　）。

A．产品异议　　B．购买决策权异议
C．价格异议　　D．服务异议

12．客户：“目前，我们超市产品销路很好，对你们公司及其产品不了解，不想冒险进你的货。”这是客户的（　　）。

A．产品异议　　B．购买决策权异议
C．企业异议　　D．服务异议

13．客户：“你们电路板保修期才3个月，这时间也太短了吧？”这是客户的（　　）。

A．产品异议　　B．购买决策权异议
C．价格异议　　D．服务异议

14．（　　）是客户从自身出发，认为根本不需要所推销的产品而形成的一种反对意见。

A．需求异议　　B．购买决策权异议
C．时间异议　　D．支付能力异议

15．价格异议属于（　　）的异议。

A．产品方面　　B．客户方面
C．推销方面　　D．服务方面

16．“你们这样的小企业能生产出什么样的产品？”这种异议属于（　　）的异议。

A．产品方面　　B．客户方面
C．推销方面　　D．服务方面

17．服务异议属于（　　）的异议。

A．产品方面　　B．客户方面
C．推销方面　　D．服务方面

18．“工资还没发，我怎么有钱买？”这种异议属于（　　）的异议。

A．产品方面　　B．客户方面
C．推销方面　　D．服务方面

19. “产品看起来还行，就是这个牌子没听说过，质量能有保证吗？”客户产生异议的原因是（　　）。

A．推销企业方面的原因

B．客户的习惯、自我保护意识方面的原因

C．客户的需求方面的原因

D．产品方面的原因

20. “期货投资与我们行业一点儿关联都没有，我们用不上。”客户产生异议的原因是（　　）。

A．推销企业方面的原因

B．客户的习惯、自我保护意识方面的原因

C．客户的需求方面的原因

D．产品方面的原因

21. 客户：“期货投资还不错，但可惜我们目前无钱进行投资。”客户产生异议的原因是（　　）。

A．推销企业方面的原因　　B．客户方面的原因

C．推销人员方面的原因　　D．推销服务方面的原因

22. “××期货公司的行情预测水平更高，我觉得更放心。”客户产生异议的原因是（　　）。

A．推销企业方面的原因　　B．客户方面的原因

C．推销人员方面的原因　　D．推销服务方面的原因

23. 客户：“我的护肤品还没用完，等用完了我再来买吧。”客户产生异议的原因是（　　）。

A．推销企业方面的原因　　B．客户方面的原因

C．推销人员方面的原因　　D．推销服务方面的原因

24. 客户：“你们的产品价格为什么比别人家的高？”客户产生异议的原因是（　　）。

A．推销产品方面的原因　　B．客户方面的原因

C．推销人员方面的原因　　D．推销服务方面的原因

25. 客户：“你们的产品为何不提供免费送货安装服务？其他家的产品都有这项服务。”客户产生异议的原因是（　　）。

A．推销产品方面的原因　　B．客户方面的原因

C．推销人员方面的原因　　D．推销服务方面的原因

26. 当推销员向某男士推荐护肤品时，对方反问道：“男人买什么护肤品？”这位客户产生异议的原因是（　　）。

A．顾客的支付能力方面的原因

B．顾客的消费习惯及偏见和成见方面的原因

C．顾客的需求方面的原因

D．产品方面的原因

27. 当推销员在介绍产品功能时，发现客户的脸上流露出不满的表情，便说道：“我们的产品功能的确不太多，但所有的基本功能都齐全，而且我们的产品设计是便携式的，一

般也不需要太多的功能。”推销员这种处理客户异议的时机把握是（　　）。

A．立即处理客户异议　　B．预先处理客户异议
C．延时处理客户异议　　D．不答复客户异议

28．推销员：“很抱歉，您提的要求我需要请示经理后再给您回复。”推销员这种处理客户异议的时机把握是（　　）。

A．立即处理客户异议　　B．预先处理客户异议
C．延时处理客户异议　　D．不答复客户异议

29．食客：“我们的热菜都开始上了，怎么凉菜还没上齐？”店员：“不好意思，怠慢了！我马上催问一下！”店员这种处理客户异议的时机把握是（　　）。

A．立即处理客户异议　　B．预先处理客户异议
C．延时处理客户异议　　D．不答复客户异议

30．（　　）是指推销人员在客户提出异议之前就主动处理客户异议，是消除客户异议的最好方法。

A．立即处理客户异议　　B．预先处理客户异议
C．延时处理客户异议　　D．不答复客户异议

31．客户：“我有储蓄，不用投保。”业务人员：“储蓄虽然好，不过人寿保险的保障更全面，因为它既有储蓄又有保障。”这位业务人员对客户异议采取的处理方法是（　　）。

A．利用处理法　　B．补偿处理法
C．间接否定法　　D．直接否定法

32．客户：“我负担不起。”业务人员：“我了解您的感受，生活中确实有很多开支需要负担，正因为这样，这个保障对您的家人就更加重要了。您想，如果您没有买保险，有事故发生的时候，让您的家人遭受经济损失，到那时付出的代价不是更大吗？”这位业务人员对客户异议采取的处理方法是（　　）。

A．利用处理法　　B．补偿处理法
C．间接否定法　　D．直接否定法

33．客户：“这款鞋还是去年的款。”店员：“像这种经典款是不会过时的。因为是去年进的货，所以这款鞋现在打 5 折。”这个店员对客户异议采取的处理方法是（　　）。

A．利用处理法　　B．补偿处理法
C．间接否定法　　D．直接否定法

34．客户：“现在的面粉都不能买，添加剂太多。”推销人员：“不会的，我们的面粉精选的咱们河南本地优质小麦，用传统石磨工艺，纯天然、零添加。”这位店员对客户异议采取的处理方法是（　　）。

A．询问处理法　　B．补偿处理法
C．间接否定法　　D．直接否定法

35．客户：“这个橱柜，再说吧。”推销人员：“它的哪些方面让您感觉不满意？”这位推销人员对客户异议采取的处理方法是（　　）。

A．询问处理法　　B．补偿处理法
C．间接否定法　　D．直接否定法

36．下列选项中不属于客户提出价格异议的主要原因的是（　　）。

A．为要求减价寻找借口　　B．嫌价格太高
C．对产品本身确有疑虑　　D．不感兴趣

37．营业员：“我们家的沁肌红精华气垫霜是适合秋冬季使用的巨水润粉底液，补水、隔离功效显著，199 元的价格应该是很划算的了。”营业员处理客户异议的策略是（　　）。

A．先谈价值，后谈价格　　B．缩小标价单位
C．增值法　　D．现场示范

38．促销员：“我们这款气垫 BB 套盒多了 2 盒替换装，平均下来每盒气垫不足 60 元，比单买正装盒还便宜。”业务员处理客户异议的策略是（　　）。

A．先谈价值，后谈价格　　B．增值法
C．缩小标价单位　　D．时间分解法

39．保险推销员：“参加液化气保险，若遇到事故，则可得到高达 1 万元的保险赔偿金。保费虽按年度交，但平均下来，每天的保险费只有 1 元。”这位推销员处理客户异议的策略是（　　）。

A．先谈价值，后谈价格　　B．增值法
C．缩小标价单位　　D．时间分解法

40．近期在一些小区里，YQD 公司举办活动，只要客户签订试用协议，不需要缴纳任何保证金就能试用直饮机，该公司的家用反渗透直饮机可试用期为 15 天，试用期满后客户可选择是否交付 980 元购买该设备。YQD 公司处理客户异议的策略是（　　）。

A．现场示范　　B．亲身体验
C．试用试销　　D．举证劝诱

41．推销人员：“这是我们这套设备的 ISO 产品质量认证，以及去年获得的国际展览会金奖证书。”这位推销人员处理客户异议的策略是（　　）。

A．现场示范　　B．亲身体验
C．试用试销　　D．举证劝诱

42．店员对顾客说：“这款护手霜您可以上手试试。”这个店员处理客户异议的策略是（　　）。

A．现场示范　　B．亲身体验
C．试用试销　　D．举证劝诱

43．产品推介的主要内容是（　　）。

A．产品本身的属性及产品的价格
B．产品本身的属性
C．产品的价格
D．售后服务

44．SH 农牧事业部联合集团公司下属的 SH 商业公司组织消费者对 SH 商品的鸡场、宰鸡厂、清真肉制品厂进行参观体验，让消费者真正了解 SH 冰鲜鸡从种鸡繁育、肉鸡养殖到宰鸡分割、肉制品加工的全过程。SH 的这种处理客户异议的策略是（　　）。

A．现场示范　　B．亲身体验
C．实地考察　　D．举证劝诱

45．破壁料理机集合了榨汁机、豆浆机、冰激凌机、料理机、研磨机等多种产品功能。

各类品牌的破壁料理机商家，一般都会在大型超市设有专人来介绍并操作其产品的强大功能。这种处理客户异议的策略是（　　）。

A．现场示范　　B．亲身体验
C．试用试销　　D．举证劝诱

46．推销人员："今天是打折活动的最后一天，明天就恢复原价了。"这位推销人员处理客户异议的策略是（　　）。

A．良机激励法　　B．关键时刻法
C．时间分解法　　D．利益得失法

47．推销人员："赵经理，如果您早一天使用我们的财务软件，就会让您的人工成本比现在节约 10%，能大大提高公司的办公效率。因此，您晚一天购买，就意味着您多耗费成本一天。"这位推销人员处理客户异议的策略是（　　）。

A．良机激励法　　B．关键时刻法
C．时间分解法　　D．利益得失法

48．"早买早受益，多受益；晚买晚受益，少受益。"这位推销人员处理客户异议的策略是（　　）。

A．利益得失法　　B．最后机会法
C．时间分解法　　D．增值法

49．"这个手机我真的很喜欢，我得回家问问我的父母让不让买。"这种异议属于（　　）。

A．需求异议　　B．购买决策权异议
C．购买时间异议　　D．支付能力异议

50．（　　）是指客户以没有支付能力或者支付能力不足为由而提出的反对意见。

A．支付能力异议　　B．购买时间异议
C．需求异议　　D．价格异议

51．属于购买时间异议处理策略的是（　　）。

A．时间分解法　　B．亲身体验法
C．举证劝诱法　　D．利益得失法

52．"我不需要这种产品"体现了客户的（　　）。

A．产品异议　　B．购买时间异议
C．需求异议　　D．支付能力异议

53．"产品什么时候用完，与你联系"，此回答方式体现的客户异议类型是（　　）。

A．服务异议　　B．产品异议
C．购买时间异议　　D．支付能力异议

54．属于产品异议处理策略的是（　　）。

A．增值法　　B．利益得失法
C．时间分解法　　D．现场示范

55．"你们这款车真不错，可惜我买不起"属于需求异议。（　　）

A．服务异议　　B．产品异议
C．购买时间异议　　D．支付能力异议

二、判断题

1. 在实际推销工作中，产品异议是最常见的。 （ ）
2. 客户异议分为真实异议和虚假异议。 （ ）
3. 对推销人员来说，要学会分辨异议的真假，重要的是要了解虚假异议产生的原因和客户的真实看法。 （ ）
4. 客户说："产品质量不错，但我现在没带钱，下次带钱再说吧。"通常情况下，这种异议是虚假异议。 （ ）
5. "预防拒绝是克服拒绝的最佳方法"，这是销售人员面对客户拒绝时应遵循的一个基本原则。 （ ）
6. 推销人员对客户的虚假异议可以不立即回答或根本不需要回答，更不必与之争辩。 （ ）
7. 在处理客户异议时，要永不争辩，即只能认真倾听客户提出的反对意见，不能试图解释，更不能试图说服他。 （ ）
8. 在客户难以达到心理平衡时，最适宜采用的异议处理方法是询问处理法。 （ ）
9. 推销员追问："您认为价格便宜，为什么现在不买呢？"这种方法是间接否定法。 （ ）
10. 对不熟悉和个性敏感的客户所产生的异议，慎用直接否定法。 （ ）
11. 客户提出价格异议的主要原因是显示自己很有眼光、嫌价格太高、对产品本身确有疑虑及为要求减价寻找借口等。 （ ）
12. 作为推销人员要意识到，服务异议主要是客户不想购买推销品时找出的一些托词。 （ ）
13. 在常见的客户异议中最让推销人员感到头痛的是需求异议。 （ ）
14. 由认识所导致的异议直接表现为客户的成见或偏见。 （ ）
15. 服务就像往推销人员和客户的情感账户里"存钱"，"存款"越多，客户越信赖。 （ ）
16. 推销人员要耐心地倾听客户异议，去伪存真，对症下药。 （ ）
17. 不答复客户异议就是不回答客户提出的异议。 （ ）
18. 客户虚假异议是指客户故意挑剔、无事生非的反对意见。 （ ）
19. 提出合理抱怨的客户，无疑是再次给了推销人员一次服务的机会。 （ ）
20. 推销的过程实质上就是处理客户异议的过程。 （ ）
21. 消除客户异议的关键是消除价格异议。 （ ）
22. 询问处理法是把客户的异议变成说服客户的理由，变被动为主动，引证客户的话，有较强的针对性。 （ ）
23. 处理客户异议是推销人员最基本的工作，也是推销人员最关心又最难把握的问题。 （ ）
24. 推销人员在推销活动中要做到"卖产品要先卖自己"。 （ ）
25. "推销始于拒绝"，推销人员要自信面对，找到解决办法，变拒绝为接受。 （ ）
26. 对不熟悉和个性敏感的客户一定不要用直接否定法。 （ ）
27. 面对客户异议要认真倾听，永不争辩。 （ ）

28．客户只要提出要求，企业和推销人员都要满足迎合客户。（　　）

29．“以子之矛，陷子之盾”使用了直接否定法。（　　）

30．服务异议是最常见的异议。（　　）

三、名词解释

1．客户异议

2．产品异议

3．价格异议

4．利用处理法

5．间接否定法

6．直接否定法

7．询问处理法

8．良机激励法

9．利益得失法

10．不答复客户异议

11．推销人员异议

12．企业异议

13．需求异议

14．购买决策权异议

15．购买时间异议

四、简答题

1．常见的客户异议有哪些？

2．简述客户异议产生的原因。

3．简述客户异议的处理原则。

4．简述客户异议的处理方法。

5．简述运用利用处理法应注意的问题。

6．简述运用补偿处理法应注意的问题。

7．简述运用间接否定法应注意的问题。

8．简述运用直接否定法应注意的问题。

9．简述运用询问处理法应注意的问题。

10．简述价格异议处理策略。

11．简述产品异议处理策略。

12．简述时间异议处理策略。

13．简述推销人员解答客户异议的时机。

14．简述客户提出价格异议的主要原因有哪几种。

15．简述客户缺乏支付能力的原因有哪些。

16．简述有效倾听的方法。

提升进阶

1．推销员：“王总，既然产品很好，您为什么现在不买呢？”

顾客：“产品虽然不错，可它不值 5 万元一件啊！”

推销员：“那您说说这样的产品应该卖什么价格？”

顾客：“总之太贵了，我们买不起。”

推销员：“看您说的，王总！如果连您都买不起，还有谁能买得起？您还个价。”

问题：

（1）客户提出的异议是什么？

（2）推销员采用了什么处理异议的方法？这种方法在使用时应注意的问题是什么？

2．顾客：“这包食品怎么过期了？”

推销员：“不好意思，您看到的这个日期是生产日期，这批产品是上个星期才出厂的，这里才是保质期。”

问题：

（1）客户提出的异议是什么？

（2）推销员采用了什么处理异议的方法？这种方法在使用时应注意的问题是什么？

3．一家经销店的老板说：“你们公司把太多钱都花在这个广告上了，为什么不把这个钱省下来，作为我们进货的折扣，让我们多一点儿利润，那多好呀！”

推销员说：“就是因为我们投下了大量的广告费用，顾客才会被吸引到指定的地方去购买我们的产品。这不但能够节省您的销售时间，而且也能够让您顺便销售其他商品，您的总利润还是更大的吧！”

问题：

（1）客户提出的异议是什么？

（2）推销员采用了什么处理异议的方法？这种方法在使用时应注意的问题是什么？

4．一位推销员正在向顾客推销一种箱包。推销员：“这是今年的新款。”

顾客：“不会吧，你们的产品比其他品牌要贵那么多？”

推销员：“确实，我们的产品价格比较高，不过您应该知道，我们的原材料、生产线……都是一流的，为了保证产品质量，维护消费者权益，我们还……”

问题：

（1）客户提出的异议是什么？

（2）推销员采用了什么处理异议的方法？这种方法在使用时应注意的问题是什么？

5．客户：“你家的货怎么又涨价了？”

销售员：“是的，每件涨了三块钱，根据市场行情，下个月还会再涨，您最好多买点儿备着，可以节省一部分资金。”

问题：

（1）销售员使用了哪种处理客户异议的方法？

（2）简述这种方法使用时的注意事项。

项目六

达成交易

要点图解

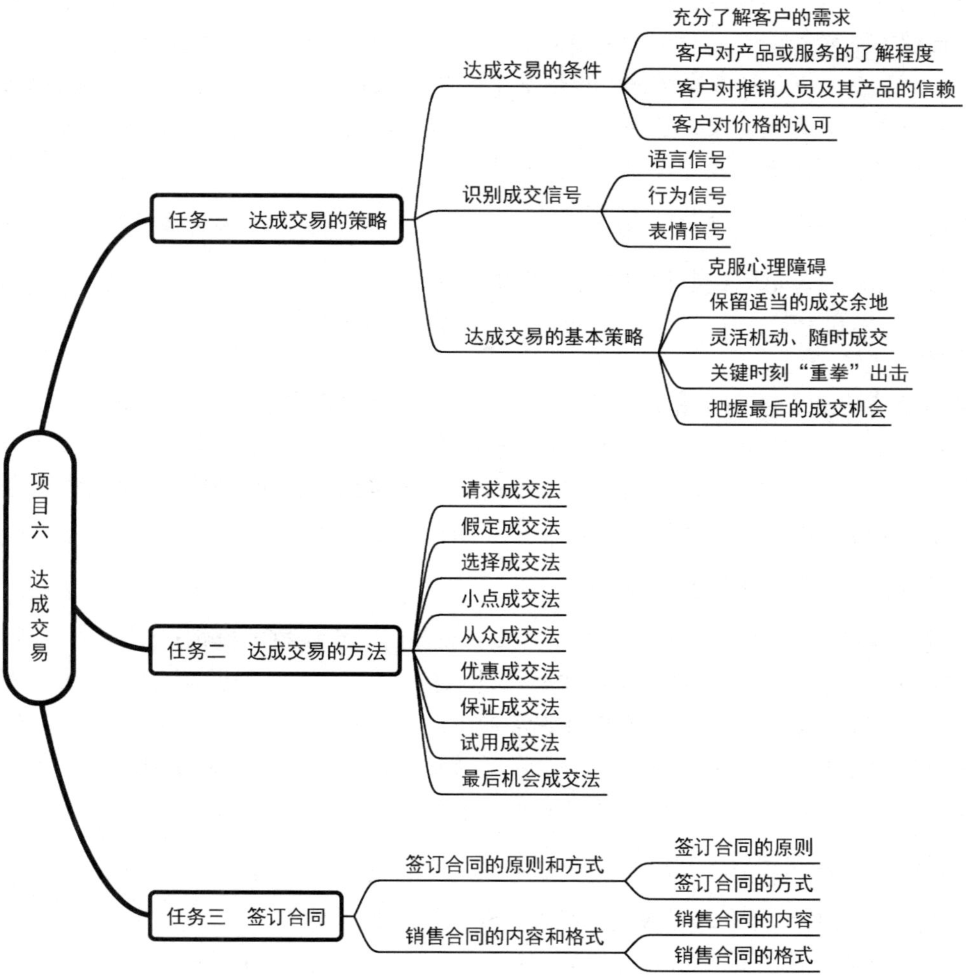

复习要求

1. 掌握达成交易的基本条件和策略。
2. 重点掌握促成交易的主要方法，并能够灵活应用。
3. 掌握签订销售合同的原则和格式，重点掌握销售合同的主要内容。

例题解析

知识点一　达成交易的条件

【例题】达成交易需要满足的条件不包括（　　）。

A．充分认可客户的需求　　B．客户对产品或服务的了解程度

B．客户对价格的认可　　D．客户对推销人员及其产品的信赖

【解析】达成交易的条件包括：充分了解客户的需求；客户对产品或服务的了解程度；客户对推销人员及其产品的信赖；客户对价格的认可。其中选项 A 中是“认可”客户的需求，客户需求是不用推销员认可的，推销员需要找到客户的需求点，充分了解客户的需求，才能更好地满足客户的需求，这是能否成交的关键。故选 A。此类题主要考查考生对达成交易条件的掌握，此考点在近年考试中有涉及。

知识点二　识别成交信号

【例题】客户仔细研究产品说明书、报价单等是成交的（　　）。

A．语言信号　　B．行为信号

C．表情信号　　D．心理信号

【解析】考题主要强调了客户“仔细”的状态，是客户面部表情和体态中所表现出来的一种成交信号，主要体现了客户对产品表现出的兴趣和关注，是表情信号的一种。故选 C。此类题主要考查考生对识别成交的几种信号的理解和掌握，在此提醒考生要熟练区分语言信号、行为信号和表情信号之间的区别，此考点在近年考试中多次涉及。

知识点三　达成交易的基本策略

【例题】判断正误：每一次成功的推销都必须经历一个完整的推销过程。（　　）

【解析】虽然一个完整的推销过程需要经过推销准备、寻找客户、接近客户、推销洽谈、处理客户异议等许多阶段，但在实际推销活动中，并不是每一次成功的推销都必须经历以上所有环节。这是达成交易的基本策略中对灵活机动、随时成交的部分阐释。故此题判断为错误。此类题主要考查考生对达成交易的基本策略的内容的掌握。

知识点四　达成交易的方法

【例题 1】以下不属于试用成交法的优势是（　　）。

A．使客户更快地了解、接纳新产品　　B．大幅度提高成交效率

C．使客户大大增加购买决心　　D．赢得客户信任和好感

【解析】试用成交法因为有试用期，延长了成交时间，降低了推销效率。故选 B，此类题主要考查考生对试用成交法的优缺点的理解和判断，在此提醒考生对达成交易的方法的

优缺点的掌握。此考点在近年考试中有涉及。

【例题 2】选择成交法的适用时机是（　　）。

A．向老客户推销时　　B．短期提高销售数量时

C．客户依赖性强时　　D．试探客户购买意图时

【解析】选择成交法的适用时机一般有以下情况：当客户表现出比较明显的购买欲望或对产品表现出极大的兴趣时采用；当客户受知识局限或当产品品种过多，难以做出选择时采用；推销人员希望通过此法试探客户的真实意图时采用。四个选项中，只有选项 D 符合要求。故选 D。此类题主要考查考生对选择成交法的适用时机的掌握情况，举一反三，建议考生要熟练掌握达成交易的方法，此考点在近年考试中有涉及。

知识点五　签订合同的原则和方式

【例题】判断正误：与客户签订购货合同时，常采用信件、传真、电子邮件等通信方式签订合同。（　　）

【解析】通信签订方式是指当事人双方距离较远，或为了方便，双方不直接面谈而采用信件、传真、电子邮件等通信方式签订合同。这种方式常常用于和“老客户”签订销售合同，不是所有客户都适用这种方式，故此题判断为错误。此类题考查考生对签订销售合同的面谈方式、通信方式各自使用情况的掌握。

知识点六　销售合同的内容和格式

【例题 1】销售合同的内容不包括（　　）。

A．标的　　B．违约责任

C．质量　　D．诉讼条款

【解析】销售合同的内容主要包括：当事人的名称或姓名、住所，标的，数量，质量，价款或者报酬，履行期限、地点和方式，违约责任，解决争议的方法等。故选 D。此类题主要考查考生对销售合同内容的相关规定的掌握。此考点在近年考试中有所涉及。

【例题 2】按照我国法律规定，解决合同争议的方法有（　　）。

A．和解　　B．洽谈

C．道歉　　D．投诉

【解析】解决合同争议有和解、调解、仲裁、诉讼四种方法，当事人应在合同中约定解决合同争议所采用的方法，故选 A。此类题主要考查考生对销售合同产生纠纷后，按照法律可通过哪种方法来解决合同争议的理解和认识，此考点在历年考试中多次涉及。

基础训练

一、单选题

1．（　　）是推销人员努力工作的最终目标，也是整个推销活动成功的标志。

A．接近客户　　B．推销洽谈

C．处理客户异议　　D．达成交易

2．（　　）往往是客户最关心的因素。

A．信赖　　B．需求

C．服务　D．价格

3．客户开始抚摸商品并爱不释手，这是成交的（　　）信号。

A．行为　B．表情

C．语言　D．情感

4．客户询问价格、同类产品比较、市场评价等，这是成交的（　　）信号。

A．行为　B．表情

C．语言　D．情感

5．客户对某一推销要点表示赞许，这是成交的（　　）信号。

A．行为　B．表情

C．语言　D．情感

6．客户主动请出有决定权的负责人及推销人员见面，这是成交的（　　）信号。

A．行为　B．表情

C．语言　D．情感

7．营业员："现在的热水壶都带有防漏电保护和防干烧保护功能，绝对不会出现您担心的安全问题。这款 1.7 L 的 304 不锈钢电水壶，特别实用！您就买它，可以吗？"这位营业员采用的是（　　）。

A．假定成交法　B．请求成交法

C．优惠成交法　D．保证成交法

8. 业务员："这款车，您打算上什么保险？我好安排办理。"这位业务员采用的是（　　）。

A．假定成交法　B．请求成交法

C．优惠成交法　D．保证成交法

9．业务员："赵经理，既然您没有什么异议了，您看我把合同准备好，今天咱们把合同签了吧？"这位业务员采用的是（　　）。

A．假定成交法　B．请求成交法

C．优惠成交法　D．保证成交法

10．业务员："今天您下订单，这台设备我们下周一就能送货并安装、调试完毕。"这位业务员采用的是（　　）。

A．假定成交法　B．请求成交法

C．优惠成交法　D．保证成交法

11．销售人员："先生，这款车有两种车型，您是想要三厢的还是两厢的？"这位销售人员采用的是（　　）。

A．选择成交法　B．请求成交法

C．优惠成交法　D．试用成交法

12．销售人员："先生，不用担心买不起车的问题，您只需首付 1 万元，我们车行是××银行车贷特约经销商，您可以贷款买车，提前享受驰骋的感觉。"这位销售人员采用的是（　　）。

A．小点成交法　B．请求成交法

C．优惠成交法　D．试用成交法

13．营业员："这个型号的电磁炉功能好，性价比又超高，整个商场上半年就这个型号最畅销，您要不就选它吧！”这位营业员采用的是（　　）。

A．小点成交法　　B．从众成交法

C．优惠成交法　　D．试用成交法

14. 营业员：“今天我们店庆，全场 8 折优惠，机会难得啊！”这位营业员采用的是（　　）。

A．小点成交法　　B．从众成交法

C．优惠成交法　　D．最后机会成交法

15．营业员：“160 元的风衣就剩下这一件了，现在是店庆，折扣大、销售快，您可不要错失机会呀！”这位营业员采用的是（　　）。

A．小点成交法　　B．从众成交法

C．最后机会成交法　　D．试用成交法

16．推销人员：“各位老师，我们出版社新近发行的春季学期教材的样书，就放在教师休息室，欢迎各位老师选用。”这位推销人员采用的是（　　）。

A．小点成交法　　B．从众成交法

C．优惠成交法　　D．试用成交法

17．合同的（　　）是指合同双方当事人的权利和义务所共同指向的对象。

A．当事人名称　　B．标的

C．价款　　D．质量

18．下列选项中，属于解决合同争议的方法的是（　　）。

A．投诉　　B．诉讼

C．洽谈　　D．道歉

19．以下哪种达成交易的方法是推销人员最常采用的（　　）。

A．请求成交法　　B．从众成交法

C．优惠成交法　　D．最后机会法

20．“老王，又来拿货了？我刚进了一批新货，特别畅销，给你来两箱吧？”（　　）

A．请求成交法　　B．从众成交法

C．优惠成交法　　D．假定成交法

21．假定成交法的适用时机是（　　）。

A．在向老客户推销时　　B．客户性格比较随和

C．在解除客户重大顾虑后　　D．成交气氛比较紧张时

22．下列不属于小点成交法的优点是（　　）。

A．为新客户减轻购买决策压力　　B．有利于针对主要问题进行协商

C．有利于多次尝试成交　　D．有利于推销员保留成交余地

23．合同一方当事人交付产品或智力成果后，另一方当事人支付的款项是（　　）。

A．工资　　B．价款

C．提成　　D．报酬

24．“忘了告诉您，今天我们的洗衣液买二送一。”体现成交策略是（　　）。

A．保留适当成交余地　　B．关键时刻重拳出击

C．灵活机动随时成交　　D．把握最后成交机会

25．客户对产品加工过程产生疑问是达成交易的（　　）。

A．语言信号　　B．行为信号
C．表情信号　　D．心理信号

二、判断题

1．价格往往是客户最关心的因素。（　　）
2．在推销过程中，当客户产生购买欲望时，往往会通过身体、语言、表情等表现出来。（　　）
3．成交信号是指客户用表情所表露出来的打算购买推销产品的暗示或提示。（　　）
4．成交的语言信号往往很明确，推销人员自己及时捕捉就可以了。（　　）
5．保留适当的成交余地，就是有些优惠条件是永远不能讲的。（　　）
6．小点成交法是直接向客户提示重大的比较敏感的问题，增加客户的心理压力。（　　）
7．推销人员与客户达成交易后，意味着推销工作已经结束。（　　）
8．请求成交法是在假定客户接受推销建议的基础上，通过讨论一些细微问题而推进交易的方法。（　　）
9．客户一言不发属于成交信号。（　　）
10．对于推销对象是明确发出成交信号的客户，或者决策能力弱的客户，应采用假定成交法。（　　）
11．假定成交法是推销人员直接将推销提示转化为购买提示，从而减轻客户成交的心理压力。（　　）
12．达成交易是衡量推销成功的最主要指标，但不是唯一指标，即使最后没有达成交易，也不能简单地说推销失败。（　　）
13．销售合同是重要的法律文件，所以销售合同只能面谈签订。（　　）
14．请求成交法能将客户的成交压力变为成交动力，促使其主动成交。（　　）
15．试用成交法有利于赢得客户信任，创造良好的成交氛围。（　　）
16．客户突然沉默，眼神变得严肃属于成交的表情信号。（　　）
17．不提出成交要求，就像是你瞄准了目标却没有扣动扳机一样。（　　）
18．成交的关键在于问话，句号变成问号，陈述要变成诱导。（　　）
19．能否有效地达成交易直接决定着推销员推销业绩的好坏。（　　）
20．当客户发出成交信号时，请立即停止对产品的介绍，索要订单。（　　）
21．签订销售合同是顺利完成推销活动的法律保证。（　　）
22．质量是标的的内在素质和外观形态优劣的标志。（　　）
23．价款和报酬的支付，除法律另有规定者外，必须用人民币支付。（　　）
24．价款和报酬的结算，除国家规定允许使用现金者外，必须通过银行办理转账或票据结算。（　　）
25．最后机会法不利于推销人员准确地传递信息。（　　）

三、名词解释

1．达成交易　　2．请求成交法
3．假定成交法　　4．选择成交法
5．小点成交法　　6．从众成交法

7．优惠成交法

8．保证成交法

9．试用成交法

10．最后机会成交法

11．成交信号

12．合同标的

13．价款

14．报酬

15．违约责任

四、简答题

1．简述达成交易的条件。

2．简述达成交易的基本策略。

3．成交的信号有哪些？

4．简述达成交易的方法。

5．简述签订销售合同的原则。

6．简述销售合同的主要内容。

7．在推销活动中，保留适当的成交余地意味着什么？

8．简述请求成交法的优点和缺点及应用此方法的时机选择。

9. 简述假定成交法的优点和缺点及应用此方法的时机选择。

10. 简述选择成交法的优点和缺点及应用此方法的时机选择。

11. 简述小点成交法的优点和缺点及应用此方法的时机选择。

12. 简述从众成交法的优点和缺点及应用此方法的时机选择。

13. 简述优惠成交法的优点和缺点及应用此方法的时机选择。

14. 简述保证成交法的优点和缺点及应用此方法的时机选择。

15. 简述试用成交法的优点和缺点及应用此方法的时机选择。

16. 简述最后机会成交法的优点和缺点及应用此方法的时机选择。

提升进阶

1. 商场里，一名顾客不断调试样机，反复询问产品性能。推销员对他说："您真有眼光，这款机子可是今年的最新机型，性能可靠，质量有保障，现在还在新品促销期，可以享受 7.5 折优惠。要不，您买一台？反正您家里也用得上。"

问题：

（1）推销员想通过采用哪种方法促成交易？

（2）此种成交方法的优点和缺点是什么？运用此种方法的时机如何选择？

2．一家石油公司聘请一位销售专家做顾问。销售专家到加油站考察。负责加油的员工手里拿着油枪，对前来加油的汽车司机说："先生，加多少？"

销售专家说："停！你这个问法不对。应该说：'先生，给您加满吧？'司机开车来加油站就是加油的，不是来买汽水的。你尽管大胆对他说：'把油箱加满！'"

问题：

（1）销售专家教授员工采用哪种方法促成交易？

（2）此种成交方法的优点和缺点是什么？运用此种方法的时机如何选择？

3．有两家离得很近的饭馆，饭菜口味都不错，但是一家生意一直很红火，而另一家经营惨淡，最后不得不破产倒闭。离开之前，破产老板去问对面那个老板："我们两家距离这么近，口味、价格都差不多，为什么我一直不如你呢？"

"其实很简单，每次顾客要粉，你都是问：'您还要鸡蛋吗？'而我总是问：'您要一个鸡蛋还是两个？'这样，我每次都比你多卖一个鸡蛋，生意自然就比你好了。"

问题：

（1）生意红火的老板采用了哪种方法促成交易？

（2）此种成交方法的优点和缺点是什么？运用此种方法的时机如何选择？

4．一名办公用品推销员到某单位办公室推销一种纸张粉碎机。办公室主任在听完产品介绍后摆弄起这台机器，并自言自语道：“东西倒很适用，只是办公室这些小青年毛手毛脚的，只怕没用两天就坏了。”

推销员一听，马上接着说：“这样好了，明天我把货送来时，顺便把纸张粉碎机的使用方法和注意事项给大家讲一下。这是我的名片，如果使用中出现故障，请随时与我联系，我们负责修理。主任，如果没有其他问题，我们就这么定了？”

问题：

（1）推销员想通过采用哪种方法促成交易？

（2）此种成交方法的优点和缺点是什么？运用此种方法的时机如何选择？

5．推销员：“您看这件衣服样式新颖美观，是今年最流行的款式，颜色也适合您，您穿上一定很漂亮，我们昨天刚进了 20 套，今天就只剩下两套了。”

问题：

（1）推销员想通过采用哪种方法促成交易？

（2）此种成交方法的优点和缺点是什么？运用此种方法的时机如何选择？

6．推销员：“王总，为了尽快打开市场，如果您在一年内能达到 50 万元的销售业绩，那么我们年终再返还您 5%的红利。”

问题：

（1）推销员想通过采用哪种方法促成交易？

（2）此种成交方法的优点和缺点是什么？运用此种方法的时机如何选择？

7．推销员给顾客打电话：“王小姐，您也看到我们的店庆广告了，今天是店庆活动的最后一天，上周您看上的那款新装这会儿购买可以享受 7 折优惠……”王小姐说：“那我现在就去。”

问题：

（1）推销员采用了哪种方法促成交易？

（2）此种成交方法的优点和缺点是什么？运用此种方法的时机如何选择？

8．客户拿着手中的羊毛衫爱不释手却迟迟不肯下决心购买，推销员询问其原因，她纠结地说道：“这么贵的衣服，万一洗了以后缩水了怎么办？”推销员说：“您放心吧，只要您洗衣服的时候水温不超过 40 ℃，绝对不会缩水！只要您洗涤方法正确，如果出了质量问题，我们包退包换！”

问题：

（1）推销员想通过采用哪种方法促成交易？

（2）此种成交方法的优点和缺点是什么？运用此种方法的时机如何选择？

9．推销员：“赵总，听您刚才所讲到的贵公司业务部门规模，需要六期才能培训完。不过，我建议您先举办一期，如果觉得我们的培训的确能够帮得上您，那么您以后再增加也不晚。您看呢？”

问题：

（1）推销员想通过采用哪种方法来促成交易？

（2）此种成交方法的优点和缺点是什么？运用此种方法的时机如何选择？

10．妈妈和小明经过宠物店，淘气、可爱的小猫让小明情不自禁地停下脚步，不舍得离开。看到这种情形，宠物店老板主动将小猫抱了出来，告诉小明可以抱回家试养两天，不收任何费用，但是两天后小明已经离不开小猫了，妈妈只好将小猫买了下来。

问题：

（1）宠物店老板使用了哪种达成交易的方法？

（2）简述这种方法的适用时机。

11．推销员老黄带着小张前去拜访某知名大学的郑教授，推销超薄超轻笔记本电脑。小张开始向教授详细地介绍商品："我们的这款产品，YG Pro14s 采用了英特尔 Evo 认证高集成度平台，重量非常轻，大概只有 1.52 kg，厚度更是只有 15.9 mm，日常使用和携带都非常方便，颜值高的同时也很时尚，在实现高性能释放的前提下还能够兼顾便携和体验。"并拿出样品向教授做了一番演示，教授接过笔记本电脑摆弄了一番，说："这东西很不错。这样，我现在还有一点事情，过几天我给你打电话。"

显然，这是顾客在委婉地拒绝。小张只好抱着一点点希望对教授说："那等您的电话吧。"

老黄在旁边仔细观察着这一幕，这时他站起来，走到郑教授的办公桌前，向教授说道："郑教授，久仰您的大名，您是咱们省物流专业的专家，您对咱们省物流园区建设的贡献我们在新闻报道上都看到了，对您钦佩不已，您看您经常在全国各地做讲座，使用这个最新款笔记本电脑，带着出差又轻又薄，很方便的，而且带在身上也很气派，您说对吗？"

郑教授点点头说："是很方便，也很气派。但我今天有一点事情，改天再谈吧。"

老黄接着说："贵校已经有好几位教授都买了这款笔记本电脑，他们都感觉使用起来很方便。"

郑教授马上问道："是吗？"

老黄接着说："是的，而且这款科技含量高的产品刚刚上市，用户反响很好，目前是在试销期，价格是优惠过的。试销期以后，价格就会上涨 10%，这么好的产品，您为什么不马上就买呢？"

郑教授默默地看着老黄，终于点点头说："好吧，我买一台。"

告别顾客回到公司，在当天的公司推销业绩研讨会上，老黄对小张说："推销工作是一个以业绩定输赢、以成败论英雄的工作，交易不成万事空。不论你推销中的其他工作做得多好，如果不能与顾客达成交易，那么你这次的推销就没有完成，我们尽自己所能去达成交易，真的失败了，也要为自己以后的推销工作做准备，争取下次成功。推销员应该熟练地运用推销技巧，促使顾客下定购买的决心。"

问题：

（1）案例中，推销员使用了哪些成交的方法？并简述使用这些方法的适用时机。

（2）结合案例，分析小张在老黄那里学到了哪些达成交易的策略。

项目七

售后追踪

要点图解

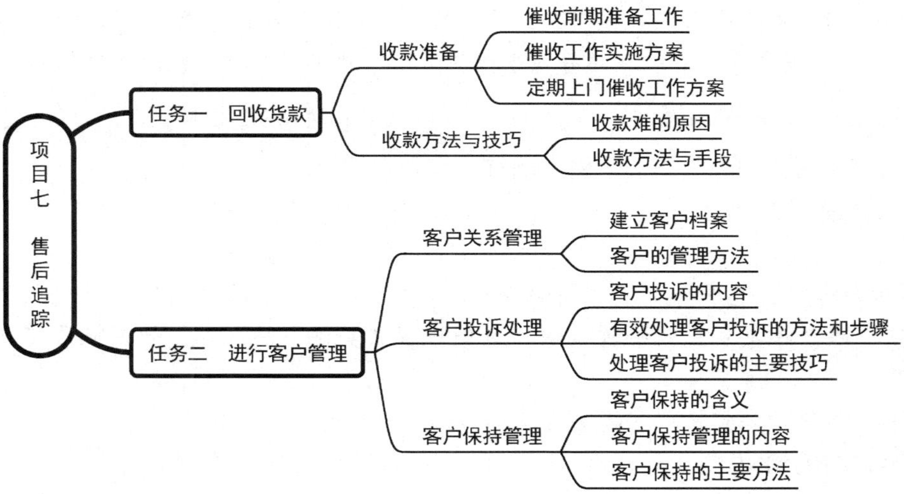

复习要求

1. 理解收款难的原因，灵活运用收款的方法和技巧。
2. 掌握大客户的有效管理方法。
3. 掌握并灵活应用客户投诉的处理技巧。

例题解析

知识点一　收款准备

【例题】做好催收前期准备工作，是顺利收回货款的（　　）、保障性措施。

A．基础性　　B．全面性　　C．战略性　　D．完整性

【解析】做好催收前期准备工作是顺利收回货款的基础性、保障性措施。故选 A。此类题主要考查考生对催收前期准备工作的重要性的认识和理解。

知识点二　收款方法与技巧

【例题 1】利用对方领导的力量收款的是（　　）。

A．出谋划策法　　B．寻找“内应”法

C．服务制胜法　　D．借“梯”登天法

【解析】针对可能或者已经出现的收款难问题，在实际收款业务中，推销人员可采用多种手段，做好清收工作。利用关键的“第三人”力量（往往是对方领导）进行收款。故选 D。此类题主要考查考生对收款的有效手段的掌握。此考点在往年试题中有所涉及。

【例题 2】收款的有效手段是（　　）。

A．询问处理法　　B．时间分解法

C．信息采集法　　D．死缠烂打法

【解析】收款的有效手段有定期收款法、出谋划策法、感情融入法、服务制胜法、寻找“内应”法、借“梯”登天法、信息捕捉法、死缠烂打法、专业讨账法、法律维护法。故选 D。此类题主要考查考生对收款的有效手段的掌握。此考点在往年试题中有所涉及。

知识点三　客户关系管理

【例题 1】客户信息收集的主要方法有（　　）。

A．细心记录法　　B．间接调查法

C．信息捕捉法　　D．出谋划策法

【解析】客户信息收集的主要方法有：细心记录法、主动询问法、展会收集法、行销收集法、媒介收集法、网络收集法、服务过程收集法。故选 A。此考点在近年考试中多次涉及。

【例题 2】客户信息资料的收集方法不包括（　　）。

A．主动询问法　　B．洽谈过程收集法

C．行销收集法　　D．服务过程收集法

【解析】推销人员在第一次拜访客户后便开始整理并填写客户资料，随着时间的推移及推销进程的开展，推销人员应及时对其补充、完善，并在实际业务中加以充分利用。客户信息收集的主要方法有：细心记录法、主动询问法、展会收集法、行销收集法、媒介收集法、网络收集法、服务过程收集法。故选 B。此考点在近年考试中多次涉及。

【例题 3】判断正误：新服务项目的试销应首先在客户中间进行。（　　）

【解析】新服务项目的试销应首先在大客户中间进行，这是因为大客户实力强，勇于创新，并且具有较强的商业影响力；同时，大客户对新产品、新服务的评价有一定的前瞻性，有利于企业新产品、新服务的开发和推广。故此题判断为错误。此考点在往年试题中有所涉及。

知识点四　客户投诉处理

【例题 1】客户：“也不知道你们公司是干啥的，来的维修人员，一句话能把人噎死！”客户投诉的是（　　）。

A．服务投诉　　B．质量投诉

C．运输投诉　　D．合同投诉

【解析】服务投诉主要包括对企业各类人员的服务质量、服务态度、服务方式、服务技巧等提出的批评与抱怨，此处主要涉及工作人员的服务态度。故选 A。此类题主要考查考生对客户投诉内容的认识和理解。

【例题 2】客户投诉内容不包括（　　）。

A．商品质量投诉　　B．服务投诉

C．客户恶意拒收投诉　　D．产品运输投诉

【解析】客户投诉是客户由于企业的产品质量、服务态度等各方面的原因，向企业主管部门反映情况，检举问题，并要求得到相应的补偿的一种手段。客户投诉的内容一般集中在质量投诉、买卖合同投诉、产品运输投诉、服务投诉几个方面。故选 C。此类题主要考查考生对客户投诉内容的掌握。此考点在往年试题中有所涉及。

【例题 3】（　　）是推销人员或企业其他工作人员面对客户提出投诉，必须首先做出的反应。

A．接受投诉　　B．平息怨气

C．澄清问题　　D．感谢客户

【解析】接受投诉就是迅速受理，绝不拖延，这是推销人员或企业其他工作人员面对客户提出投诉，必须首先做出的反应。因为客户来投诉时，一般会比较着急，怕问题不能得到解决。故选 A。此类题主要考查考生对有效处理客户投诉的方法和步骤的运用。

知识点五　客户保持管理

【例题】判断正误：有资料显示，吸引一个新客户所花费的成本是维护一个老客户所需成本的 5～10 倍。（　　）

【解析】由于老客户对企业的满意及忠诚，企业才会保持这些客户。这不仅仅是保留住客户，事实上，这些客户很愿意把自己对企业和产品的感觉告诉他所认识的人，而这种“宣传”的效果绝对胜过企业花巨资拍摄广告所带来的吸引。对企业而言，保持客户远比吸引新客户的成本低得多。故此题判断为正确。此类题主要考查考生对客户保持管理工作重要性的认识和理解。

基础训练

一、单选题

1．（　　）不属于收款准备工作的内容。

A．催款前期准备工作　　B．催款工作实施方案的制订与落实

C．采用不断跟进的催款电话或拜访　　D．定期上门催收工作方案

2．（　　）不属于催款工作实施方案的具体内容。

A．信息汇总　　B．准备收款凭证

C．向关键人催款　　D．做好催款记录

3．（　　）不是收款难的原因。

A．企业自身的原因　　B．客户方面的原因

C．推销人员的原因　　D．银行方面的原因

4．应该经常深入客户中去，给予客户一定的技术、智力或资源支持，提高客户盈利水平，进而促进货款收回的手段是（　　）。

A．出谋划策法　　B．寻找“内应”法
C．服务制胜法　　D．借“梯”登天法

5．从客户的经济往来信息中发现有利因素后，立即采取措施，争取获得优先付款机会的手段是（　　）。

A．出谋划策法　　B．寻找“内应”法
C．服务制胜法　　D．信息捕捉法

6．A 公司对于 B 公司长期躲债不还且经多次努力仍无果的情况下，决定向法院起诉 B 公司拖欠货款。A 公司的这种收款手段是（　　）。

A．法律维护法　　B．寻找“内应”法
C．服务制胜法　　D．信息捕捉法

7．在某 B2B 的电子商务平台的网站上逆向寻找客户信息。这种客户信息收集方法是（　　）。

A．细心记录法　　B．展会收集法
C．媒介收集法　　D．网络收集法

8．推销人员采用（　　）的过程是企业深入了解客户、联系客户、收集客户信息的最佳时机。

A．细心记录法　　B．展会收集法
C．服务过程收集法　　D．网络收集法

9．客户档案的内容包括（　　）。

A．基础资料、客户特征
B．客户特征、业务状况
C．基础资料、业务状况、交易现状
D．基础资料、客户特征、业务状况、交易现状

10．对产品数量、规格、交货时间和地点等与交易达成结果不符的投诉是（　　）。

A．质量投诉　　B．买卖合同投诉
C．产品运输投诉　　D．服务投诉

11．客户愤愤不平地投诉，面对此情此景，部门经理始终保持微笑地说：“您请坐！咱们坐下来说好吗？”这时，部门经理采用的技巧是（　　）。

A．倾听技巧　　B．情绪技巧
C．应对技巧　　D．情感技巧

12．下列不属于客户保持有利的方面的是（　　）。

A．获取客户对产品的评价信息　　B．企业获取更多客户份额
C．推销员的推销收入增加　　D．企业降低客户销售成本

13．银行客户经理：“赵阿姨，您一直强调投资要保本稳健。为了满足像您这样的客户需求，我行新近开发了明星理财产品——乐赢轻松投系列基金。这个系列风险等级处于 PR2 级别（稳健型），产品主要投资于货币市场类和固定回报类资产、非标准化债权……”银行客户经理采用的客户保持方法是（　　）。

A．注重产品质量　　B．保持沟通联系
C．提供优质服务　　D．加强客户关怀

14．“这个确实是我们工作的失误，给您带来不便，非常抱歉！”采用的技巧是（　　）。
A．倾听技巧　　B．道歉技巧
C．应对技巧　　D．情绪技巧

15．大客户作为企业市场销售的重要一环，客户的一举一动都应给予密切的关注。这体现大客户的有效管理是（　　）。
A．优先保证为大客户服务　　B．密切关注大客户动态
C．对客户制定适当的奖励政策　　D．在大客户中开展新服务项目的试销

16．“小李通过多次的讨要欠款，未果；最后通过诉讼拿到欠款。”小李采用的收款方法是（　　）。
A．专业讨账法　　B．法律维护法
C．信息捕捉法　　D．出谋划策法

17．糖酒商品交易会于郑州 2023 年 7 月 16 日在郑州举行，小张在会展期间推销公司产品，同时也收集了很多有意向客户的信息。小李采用的是哪种客户信息资料收集法？（　　）
A．细心记录法　　B．主动询问法
C．展会收集法　　D．媒体收集法

18．下列不属于收款方法的是（　　）。
A．推销人员在成交签约前与客户明确规定付款时间
B．推销人员随时了解客户资金情况，一旦客户账上有款即收款
C．争取客户同情，使对方了解此笔款项对推销人员的重要性
D．如果客户确实没钱按时结账，以书面形式再次确定下次付款时间

19．下列属于收款有效手段的是（　　）。
A．优惠还款法　　B．服务制胜法
C．从众意愿法　　D．利用处理法

20．下列不属于选择大客户标准的是（　　）。
A．采购的数量　　B．采购的分散
C．价格敏感度　　D．对服务的要求

21．对客户的感受真诚回应是处理客户投诉的（　　）。
A．情绪技巧　　B．倾听技巧
C．情感技巧　　D．道歉技巧

22．收款的有效手段有（　　）
A．出谋划策法　　B．延迟收款法
C．出奇制胜法　　D．优惠让步法

23．处理客户投诉的技巧不包括（　　）
A．情绪技巧　　B．感谢技巧
C．情感技巧　　D．道歉技巧

24．关于处理客户投诉的方法描述正确的是（　　）

A．接受投诉时迅速处理，绝不拖延

B．用封闭式问题引导客户，将投诉由情绪带入事件

C．客户讲述完毕，用开放式提问总结问题的关键

D．事后一周内回访客户，了解其对投诉处理是否满意

25．对于一些骗子和存心赖账的客户一般采用（　　）

A．定期收款法　　B．寻找内应法

C．死缠烂打法　　D．专业讨账法

26．收款难的原因不包括（　　）

A．企业原因　　B．市场环境原因

C．客户原因　　D．推销人员原因

27. 基于所有车贷客户信息，某银行通过 AI 以短信形式向不同车贷客户发出还贷信息，这是（　　）。

A．定期收款法　　B．服务制胜法

C．智能催债法　　D．专业讨账法

二、判断题

1．做好催款前期准备工作，是顺利收回货款的基础性、保障性措施。（　　）

2．收款准备包括做好催款前期准备工作和催款工作实施方案的制订与落实两方面。（　　）

3．推销人员应随时了解客户的资金情况，一旦客户账上有款，就可以立即进行收款。（　　）

4．推销人员只负责商品的销售，收回货款的问题不是推销人员的任务。（　　）

5．收不回货款的推销是失败的推销。（　　）

6．根据不同的客户、不同的金额，推销员可以采取不同的方式和方法进行收款。（　　）

7．客户关系管理是一种管理理念。（　　）

8．客户档案数据库的建设可采用融合在企业的信息化管理系统中的方法，其中的某一部分是客户信用档案数据库。（　　）

9．客户是上帝，分析筛选客户不能淘汰无利润、无发展潜力的客户。（　　）

10．根据客户当年对企业业务量贡献的多少，可将客户划分为大客户与小客户。（　　）

11．大客户的管理最重要的是企业必须站在客户的立场上为其提供个性化的产品和服务。（　　）

12．大客户管理的成功与否，对推销人员的收入举足轻重，对企业的最终利润无足轻重。（　　）

13．大客户管理是买方采用的一种方法，目的是通过持续地为客户量身定做产品或服务，满足客户的特定需要，从而培养出忠诚的大客户。（　　）

14．长期稳定的产品是保持客户的根本。（　　）

15．处理客户投诉，不仅要有热心、耐心，而且需要一定的方法、步骤和技巧。（　　）

16．处理客户投诉主要是道歉。（　　）

17. 客户关系管理，其最终目标是吸引新客户、保留老客户，以及将已有客户转为忠实客户，增大市场占有率。（　）

18. 客户档案管理一般围绕基础资料、客户特征、业务状况和交易现状开展。（　）

19. 优先满足大客户对产品和服务的要求，是大客户管理的首要任务。（　）

20. 主动询问法又分为当面交谈法、电话询问法、邮寄调查法、问卷调查法。（　）

21. 客户的销售状况事实上就是市场营销的“晴雨表”。（　）

22. “大客户”中的“大”指的就是客户范围大。（　）

23. 如果企业的大客户有 10 个以上，建立大客户管理部就很有必要。（　）

24. 推销人员对客户的服务过程是收集客户信息的最佳时机。（　）

25. 收款时间至关重要，时间拖得越久，就越难收回。（　）

26. 接受客户投诉时，常使用“请您等一下”以争取平息客户怨气。（　）

27. 推销人员必须按约定的时间上门收款或催款，决不能拖延。（　）

28. 处理客户投诉的第一步是接受投诉。（　）

29. 处理客户投诉时，对客户提出的问题表示要坚决杜绝，属于道歉技巧。（　）

三、名词解释

1. 客户管理
2. 建立客户档案
3. 大客户
4. 客户投诉
5. 客户保持
6. 客户关系管理
7. 债务催收

四、简答题

1. 简述催收工作实施的步骤。

2. 简述常见的收款的手段。

3. 简述客户信息资料收集方法。

4. 简述大客户的有效管理手段。

5．客户投诉的内容主要集中在哪些方面？

6．简述有效处理客户投诉的方法和步骤。

7．简述处理客户投诉的主要技巧。

8．简述客户保持管理的内容。

9．简述客户保持的主要方法。

10．简述客户档案数据库的建立一般采用哪两种模式。

11．简述定期上门催收工作方案。

12．简述客户档案通常包括哪些内容。

13．企业选择大客户的标准通常有哪些？

14．简述客户保持的含义及意义。

15．对客户保持优质的服务体现在哪些方面？

提升进阶

1．2007 年 3 月 20 日，中国银行私人银行宣告成立，拉开了中国顶尖财富管理服务的序幕。之后三年，工商银行、招商银行、建设银行、交通银行、中信银行、民生银行等银行的私人银行相继成立。以工商银行为例，工商银行私人银行业务是为个人金融资产在 800 万元人民币以上的客户提供的以客户需求为导向、以资产管理为核心、以顾问咨询为重点、以信息管理为保障的财富管理服务。

问题：

（1）上述银行设立私人银行采用的是什么管理方式？你是怎样判断的？

（2）企业采取这种管理方式的有效管理手段有哪些？

2．海尔集团前些年推出一款名叫“小小神童”的洗衣机。当该款洗衣机刚推向市场时，由于设计存在一些问题，使得这款洗衣机返修率相当高。针对这种情况，海尔集团调集了大量员工，向客户承诺“接到投诉电话后 24 小时之内提供上门维修服务”。很多客户的洗衣机都是经过海尔连续三四次，甚至五六次上门维修后才解决问题的。最终这件事的结果是：有很多客户反映说：“任何新的产品都会存在这样或那样的问题，但对海尔的服务我们是满意的。”因为他们看到了一家企业对客户的尊重和重视。

问题：

（1）海尔是怎样做到由“顾客投诉”到“顾客满意”的？

（2）在处理客户投诉上可采用哪些技巧？

项目八

网络推销

要点图解

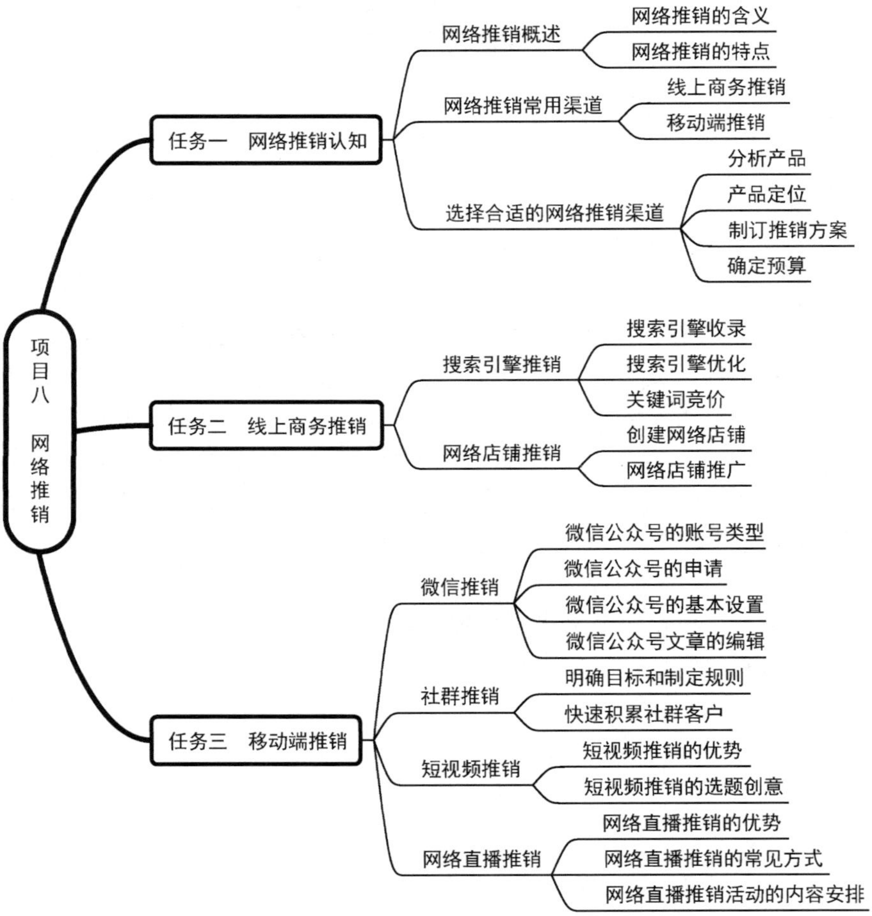

复习要求

1. 掌握网络推销的含义。
2. 学会选择适合的网络推销渠道。
3. 掌握搜索引擎推销、网络店铺推销、微信推销、社群推销、短视频推销、直播推销的推销技巧。

例题解析

知识点一 网络推销概述

【例题】某品牌将产品图册上传至公司微信小程序中，客户可以实现 24 小时随时随地进行购买，这体现了网络推销的（　　）特点。

A．交互式　　B．跨时空
C．成长性　　D．经济性

【解析】通过网络能够超越时间约束和空间限制进行信息交换，使得交易脱离时空限制，推销人员能够有更多的时间和在更大的空间中进行推销，每天 24 小时随时随地向客户提供全球性的推销服务。故选 B。此类题主要考查考生对网络推销不同特点的认识和区分。

知识点二 网络推销常用渠道

【例题】下列（　　）不属于网络推销常用渠道。

A．商场门店　　B．百度搜索
C．微信公众号　　D．网络直播

【解析】网络推销渠道是指推销人员利用互联网提供产品和服务，以便目标客户使用计算机或移动设备等其他技术手段完成交易活动的通道和路径。本题中，仅有“商场门店”属于使用非互联网提供产品和服务。故选 A。此类题主要考查考生对网络推销渠道概念的理解与掌握。

知识点三 选择合适的网络推销渠道

【例题】某品牌吸尘器的客户通常是家庭主妇，这是产品分析的（　　）模块。

A．产品基本情况　　B．产品属性
C．产品特点　　D．目标客户群

【解析】推销渠道的选择一定与产品定位的客户群和产品的属性息息相关。所以在选择推销渠道前，首先应该解决的问题是产品要卖给谁，其次再考虑如何触及目标客户群，进而有针对性地投放广告。本题已明示产品的客户通常是家庭主妇，因此在该产品网络推销渠道选择分析时，属于产品要卖给谁的问题。故选 D。此类题主要考查考生在选择合适的网络推销渠道时，从不同模块进行“分析产品”能力的运用。

知识点四 搜索引擎推销

【例题 1】（　　）了解某个关键词在百度中当天的搜索量。

A．百度指数　　B．百度统计

C．百度风云榜　　　　D．百度经验

【解析】百度指数是以网民在百度的搜索量为数据基础，以关键词为统计对象，科学分析并计算出各个关键词在百度网页搜索中搜索频次的加权和，是众多推销决策的重要依据。故选 A。此类题主要考查考生对搜索引擎优化中确定关键词知识点的掌握。

【例题 2】判断正误：在使用搜索引擎推销渠道时，客户每次点击关键词所花费的价格需要推销人员对关键词进行出价，出价越低，网站的排名越靠前。（　　）

【解析】关键词竞价是一种按照点击数进行计费的搜索引擎优化工具，由推销人员在搜索引擎平台中通过竞价的方式购买关键词，从而提高企业网站在关键词搜索结果中的排名，用户在搜索关键词的时候首先看到本企业网站。若关键词很热门，各网站都想排名靠前，这样关键词价格就会被不停地抬高，结果往往是谁出价越高，网站的排名越靠前，最终出价最高的就会排在第一位。故此题判断为错误。此类题主要考查考生对搜索引擎优化中关键词竞价知识点的掌握。

知识点五　网络店铺推销

【例题 1】判断正误：在第三方电子商务平台创建企业网络店铺分为五步：第一步创建企业店铺，第二步注册企业网络支付工具账户，第三步激活企业网络支付工具账户，第四步认证企业网络支付工具账户，第五步注册企业账户。（　　）

【解析】在第三方电子商务平台规则下，创建企业网络店铺，应先创建企业在平台中的网络账户，其次创建企业在平台中的支付工具账户，再激活并实名认证支付账户，最终才能创建网络销售店铺。正确的步骤为：第一步注册企业账户，第二步注册企业支付账户，第三步激活企业网络支付工具账户，第四步认证企业网络支付宝工具账户，第五步创建企业网络店铺。故此题判断为错误。此类题主要考查考生对创建企业网络店铺步骤的掌握。

【例题 2】判断正误：直通车是一种展示免费，点击付费的推广工具。（　　）

【解析】直通车是一种按照点击量计费的产品推广工具，可以实现产品的精准推广。故此题判断为正确。此类题主要考查考生对直通车推广知识点的掌握。

知识点六　微信推销

【例题】微信公众号的建立实现了推销人员进行（　　）互动推销的愿望，可以使其进行广泛的销售活动。

A．“多对多”　　　　B．“一对多”

C．“一对一”　　　　D．“面对面”

【解析】微信平台拥有庞大的用户规模，通过平台优势可以为推销人员提供流量、销量和商机。微信公众平台即微信公众号，是为个人、企业和组织提供业务服务并提高客户管理能力的开放服务平台。推销人员只要搭建属于自己的公众号，就可以利用微信平台自身的优势带来客户和销量，实现利用公众号进行“一对多”的互动推销。故选 B。此类题主要考查考生对微信公众号特点的掌握。

知识点七　社群推销

【例题】社群强调的是人与人之间在（　　）里的联系。

A．物理空间　　　　B．现实空间

C．虚拟空间　　　　D．学习空间

【解析】社群推销，就是把意向客户都拉进一个群进行互动，然后通过维护他们的关系，从而促成成交。在社群中客户连接及交流更为紧密，社群推销主要通过连接、沟通等方式实现客户价值。社群的载体通常是微信、QQ、钉钉等在线交流平台，均为网络虚拟空间。故选 C。此类题主要考查考生对社群基本概念的掌握。

知识点八　短视频推销

【例题】短视频的传播能力，并不在于投入制作的成本，而在于短视频的创作内容。这体现了短视频推销的（　　）优势。

A．互动多　　B．成本低

C．变现快　　D．传播快

【解析】与传统广告高昂的资金投入相比，短视频的投入成本很低。成本低主要表现在三大方面，即制作的成本低、传播的成本低和维护的成本低。故选 B。此类题主要考查考生对短视频推销优势知识点的掌握。

知识点九　网络直播推销

【例题】判断正误：开场是直播的重要环节，一个良好的开场是展示主播风格、吸引用户的关键。（　　）

【解析】开场的目的是让用户了解直播的内容、形式和组织者等信息，给用户留下良好的第一印象，使用户判断该直播是否具有可看性。故此题判断为正确。此类题主要考查考生对直播推销中直播开场知识点的掌握。

基础训练

一、单选题

1．（　　）的发展是网络推销产生的技术基础。

A．产品　　B．推销技能

C．推销模式　　D．互联网

2．以下描述关于网络推销与线下推销错误的是（　　）。

A．两者都是一种推销活动

B．两者都把满足消费者需求作为一切活动的出发点

C．两者对消费者需求的满足，不仅停留在现实需求上，而且还包括潜在需求

D．两者所使用的载体和渠道相同

3．下列属于线上商务网络推销渠道的是（　　）。

A．搜索引擎推销　　B．短视频推销

C．微信推销　　D．直播推销

4．微信是（　　）公司推出的一款网络快速发送语音短信、视频、图片和文字，支持多人群聊的手机聊天软件。

A．新浪　　B．搜狐

C．腾讯　　D．金山

5．以下针对移动端推销中的微信推销说法正确的是（　　）。

A．微信公众号倾向于企业，用来做品牌和推广，维护老客户，吸引粉丝从而发掘新客户

B．移动端网络店铺都是通过微信开设的

C．朋友圈推销倾向于团体，现在许多中小卖家用朋友圈来向朋友卖货，通过“熟人”关系的购买率十分高，也被称为“熟人经济”

D．微信平台就是移动电商

6．社群推销运营中（　　）决定社群的价值。

A．规则　　B．同好

C．输出　　D．复制

7．以下属于移动端网络推销应用的是（　　）。

A．百度搜索　　B．快手短视频

C．直通车　　D．钻石展位

8．2023 年女篮亚洲杯决赛中国队夺冠了，小明赶紧发了一篇带有“女篮夺冠”标签的短视频，发布当天就获得了 10 万浏览量，这体现了短视频推销的（　　）特点。

A．真实性　　B．服务性

C．互动多　　D．传播快

9．小蒋是一名拥有百万粉丝的美食博主，经常在短视频中分享美食烹饪。一家生产调料的品牌方找到小蒋，请求其在短视频中使用该品牌的调料，并显示产品 logo。这种短视频推销的选题创意属于（　　）。

A．秀出产品，直接展示　　B．借助场景，尝试植入

C．策划周边，侧面呈现　　D．呈现口碑，突出火爆

10．以下不属于线上商务推销中自建网站的优势的是（　　）。

A．借助第三方平台流量，有利于产品宣传

B．归自己所有，不必限制于版面，全站介绍产品或服务

C．网站功能多样，可以根据产品或服务类型，灵活选择各项功能

D．自行管理，线上服务质量全程把控，更容易提升服务效果

11．推销人员出于扩大宣传的目的，付费将企业网站提交到搜索引擎上，让相关的产品和服务信息进入搜索引擎数据库，以增加与潜在客户通过互联网发现自身产品的机会。这属于（　　）。

A．免费收录　　B．关键词竞价

C．付费收录　　D．直接收录

12．以下搜索引擎优化行为不属于对同行业领域或同类型产品的网站进行分析的是（　　）。

A．分析其网站的结构和布局

B．分析其搜索引擎优化的情况

C．分析其关键词竞价情况

D．分析其网站数据情况，如点击率、转化率等

13．下列行为属于网站结构优化的是（　　）。

A．网站布局的调整

B．优化产品标题
C．优化产品描述
D．优化文章内容

14．下列不属于国内提供关键词竞价工具的搜索引擎的是（　　）。
A．百度搜索　　B．360 搜索
C．谷歌搜索　　D．搜狗搜索

15．以下哪种是搜索引擎提供的选词、扩词工具（　　）。
A．百度统计　　B．关键词工具
C．推广助手　　D．百度商桥

16．以下不属于直通车推广计划的关键词匹配方式的是（　　）。
A．广泛匹配　　B．中心词匹配
C．精确匹配　　D．深度匹配

17．以下关于钻石展位的描述，不正确的是（　　）。
A．精选了淘宝和互联网优质展示位
B．按照竞价排序
C．按照点击计费
D．按照展现方式计费

18．钻石展位按照（　　）顺序进行展现。
A．预算多少　　B．出价高低
C．创意多少　　D．点击率高低

19．短视频推销的第一步是（　　）。
A．选题创意　　B．秀出产品
C．聚焦优势　　D．呈现企业文化

二、判断题

1．推销人员建立第三方电子商务网络店铺，可以借助第三方电子商务平台的流量优势，并且建设成本低，只需缴纳少量的保证金或店铺租金。（　　）

2．小明是某公司网络推销专员，为公司申请的公众号需要向客户推送的消息直接显示在客户好友对话列表中，那么小明在微信公众平台需要选择申请服务号。（　　）

3．搜索引擎推销的实现方法有很多，包括搜索引擎收录、搜索引擎优化、关键词竞价、直接收录等。（　　）

4．淘宝直通车是一种按照展现量计费的产品推广工具，可以实现产品的精准推广。（　　）

5．钻石展位的扣费方式不同于直通车按照点击量付费，它是按照千次展现竞价收费，即每千次展现收费，点击不收费。（　　）

6．在网络推销中，参与交易的各方可以通过网络传输文字、声音、图像等多媒体信息，进而可以用多种形式进行信息交换，充分发挥推销人员的创造性和能动性。这体现了网络推销的“交互式”的特点。（　　）

7．网络推销使交易的双方能够通过互联网进行信息交换，减少了由于多级代理销售带来的成本，提高了交易的经济效益。这体现了网络推销的“经济性”的特点。（　　）

8．网络店铺是指根据一定的策略、运用特定的计算机程序从互联网上采集信息，在对

信息进行组织和处理后，为用户提供检索服务，将检索的相关信息展示给用户的系统。（　　）

9．社群要有社交关系链，基于一个需求或者爱好将人们聚合在一起，并且有稳定的群体结构和较一致的群体意识，社群成员有一致的行为规范、持续的互动关系。（　　）

10．推销人员选择自建网站可以实现网站功能多样，可以根据产品或服务类型，灵活选择各项功能，但也存在触犯第三方平台规则被关闭或处罚的风险。（　　）

11．推销人员自建网站只需要完成网站的搭建即可，不需要进行搜索引擎优化。（　　）

12．在搜索引擎优化中，需要根据数据平台分析结果，结合消费者的搜索习惯和搜索心理，找出排名靠前，搜索效果较好的几个关键词。（　　）

13．在搜索引擎优化中，提炼网站关键词可以借助百度指数、百度统计、百度文库等网站。（　　）

14．转化率是指企业希望访客在网站上完成的任务，如注册、下订单、付款等与总访客数的比率。（　　）

15．网站内容优化就是围绕关键字优化自己网站中的文字内容，例如产品标题、产品描述等。可以为了重复关键词，而出现大量的内容重复。（　　）

16．网络店铺使用直通车时，只需要对关键词进行出价，不需要为此产品设置创意图片以及产品标题。（　　）

17．数据报表可以直观展现直通车推广的效果如何，推销人员需要每日关注数据变化并进行数据分析，优化调整推广计划。（　　）

18．微信公众平台提供的账号有 4 种类型：服务号、订阅号、小程序和个人微信账号。（　　）

19．推销美妆类产品，推销人员可以建立美妆知识分享社群，目的是让客户聚在一起交流美妆心得和美妆知识，专家在群里解决一些产品专业问题，进而推销产品，增加产品销量。（　　）

20．建立社群，只需要快速积累社群客户，不需要制定规则机制来约束群内的客户，引起客户反感。（　　）

21．客户在观看了产品展示视频后，可以在短视频平台“一键购买”，节约了客户购买产品的时间，提高了交易效率，进而为产品带来了更多的销量。（　　）

22．网络直播推销不会对直播内容进行剪辑和加工，观众看到的内容与现场实际发生的场景是完全一致的。（　　）

23．在网络直播中，借助推销人员或嘉宾分享产品知识或生活技能，例如护肤步骤等，属于对比推销方式。（　　）

24．直播活动的开场包含直播介绍、提出问题、故事开场、道具开场和借助热点 5 种方式。（　　）

25．直播结尾只需要与观众道别即可。（　　）

三、名词解释

1．网络推销　　2．搜索引擎推销

3．搜索引擎优化　　4．社群推销

5．产品定位　　6．关键词竞价

7．直通车
8．钻石展位
9．订阅号
10．服务号
11．线上商务推销
12．移动端推销

四、简答题

1．简述网络推销的特点。

2．如何选择合适的网络推销渠道？

3．简述自建网站与第三方电子商务网络店铺的区别。

4．简述搜索引擎优化的具体工作流程。

5．开通钻石展位推广的操作步骤有哪些？

6．简述微信服务号与订阅号的区别。

7．如何快速积累社群客户？

8．简述短视频推销的优势。

9．短视频推销的选题创意有哪些？

10．简述网络直播推销的几种方式。

11．网络直播推销活动的内容安排有哪些？

12．简述网络直播推销的优势。

提升进阶

1．2023 年的夏天，热搜榜上出现了一个关于年轻人的新话题——反向消费，指的就是和传统消费模式相反的消费模式，而这种消费模式正在成为一种新的潮流。反向消费，主打的就是一个性价比和实用性。出国旅游的人变少了，在国内“特种兵旅游”的人变多了。淄博烧烤火爆全网，性价比成了很多人挂在嘴边的口头禅。作为线上折扣零售商城的唯品会，更是吃到了不少消费观转变的红利。2023 年“6・18”活动期间，唯品会的女装、男装、箱包等多个核心品类的销量涨幅达到 20%以上，部分品类的销量翻了数倍。在 6 月小程序热度排行榜，唯品会的排名蹿升速度飞快，不仅杀入了前 10 名，而且还排到了第 5 名的高位，环比之前上升了 8 个排名。唯品会 App 在用户当中的使用占比，明显比以前更高了。

问题：

请简述如何选择合适的网络推销渠道？

2．“番茄牛肉饭”，一种在抖音短视频平台突然流行起的海底捞神秘吃法，正在被网友们玩得不亦乐乎。许多人在抖音上看到颠覆传统、与众不同的“番茄牛肉饭”的吃法时，都会在好奇心的驱使下跑到海底捞，追随“抖音网红款”，享受亲身参与、分享体验、引起关注、交流互动的过程。在“番茄牛肉饭”走红之后，海底捞的门店立刻要求前厅的服务人员，在顾客到店时，主动告知“抖音网红款”的做法。在服务员的强烈“安利”下，到店客人的兴趣和创造力被彻底激发了出来：海鲜粥、网红蘸料、鸡蛋虾滑塞面筋等等新鲜吃法层出不穷。海底捞“抖音网红款”的隐藏菜单越变越多，玩法也越来越花哨，不管尝试成功还是失败，都是一种独特的参与感。海底捞不仅专门印发了网红抖音菜单，详细介绍各种花式吃法，还要求所有服务员都能如法炮制，甚至还专门生产了配套的制作工具，方便顾客动手尝试。

海底捞的此次热门事件，为其在 2017 年带来 1.03 亿人次客流量。

问题：

（1）海底捞在抖音火爆的此次事件，体现了短视频推销的什么特点？

（2）这种拍摄“抖音网红款”海底捞吃法的短视频内容，属于短视频推销中的哪一类选题创意？

3．作为全国中档连锁酒店第一品牌，维也纳酒店看到了微信服务号强大的功能，微信的自助服务使维也纳订房各环节实现信息一体化和智能化，有效提高了客户体验和平台消费黏性。

移动端更多注重的是客户体验，维也纳通过自定义菜单的深度优化和闭环管理思维，不断地提升平台的客户体验，有效激活了平台会员的消费黏性和活跃度。

首先，预订系统的开发，与 PC 官网进行打通，实现微信预订，通过“微信预订立减 20 元”差异待遇进行流量引导和转化。其次，每日签到的闭环设计，娱乐和让利的双重驱动，让维也纳的会员留在微信平台上，并得到愉快和实惠。

目前维也纳通过微信日均订房超过 1 000 间，结合维也纳服务号的关注量来讲，这一转化率目前在业内也是名列前茅的。

问题：

（1）维也纳酒店微信公众号为何要选择开通服务号而不是订阅号？

（2）维也纳酒店运用其服务号的哪些功能获得了大量的客户？

4. 许熠是石家庄经济学院的一名大学生，过去 3 个月里，他和他的微信水果团购群“优鲜果妮”在石经院火了一把。开业之初，许熠的“优鲜果妮”生意并不好做，常常等上一天才有一笔几元的订单。许熠和他的同学采用“扫楼”的方式来增加群内成员数量：将印制的市场宣传单、广告册发到学校的教学楼、食堂、宿舍楼；利用课间 10 分钟在各个教室播放“优鲜果妮”宣传短片等各种手段将学生拉进水果团购群。经过三个月的“扫楼”等宣传工作，优鲜果妮关注人数达到 4 920 个，这些用户多为许熠的同学，针对这点，许熠经常推出个性产品，各类水果组成的“考研套餐”“情侣套餐”“土豪套餐”频频吸引同学们的眼球，此外，许熠的水果团购群还会不时推送天气预报或失物招领信息来吸引粉丝。

问题：

（1）通过上面的案例，你认为可以通过哪些手段增加社群成员数量？

（2）如何维护社群内成员的活跃度和关注度？

5. 绵羊是湖南长沙的一位美食博主，从 2015 年 12 月发布首个视频以来，她在全网积累超过了 2 000 万粉丝，成了美食界短视频名副其实的“顶流”。在经过几年的稳定内容输出后，绵羊成功摸索出一套以绵羊料理、美食探店为主打内容的视频内容框架。其中主打栏目“绵羊料理”，主要以美食教学以及美食的复刻为主，绵羊会教学自己发明的新菜，还天马行空地复刻了米其林餐点、网红菜品、清宫菜、二次元料理等，不断给观众带来新鲜感。其次是“美食探店 vlog”，绵羊在视频中走出厨房，去探寻每个城市的特色美食，实地带领观众领略城市中的美食文化。凭借短视频平台流量兴起这股东风，“绵羊料理”以其轻松有趣的风格，加上持续不断的优质内容输出，迅速在短视频红海中脱颖而出。

问题：

请总结美食类短视频账号内容创意的种类。

6. 针对推出的新品“风衣羽绒服”，波司登抖音官方旗舰店邀请了众多知名演员，进行了专场直播；同时，发起了“定制风羽时刻，趣味贴纸挑战赛”的活动，用大量达人短视频配合强调风衣羽绒服“显瘦”这个特性；迅速上线“什么是对降温的基本尊重”等话题，引发了大量目标人群关注波司登羽绒服，并进入直播间。这场“风衣羽绒服”的主题活动，5 天内全网曝光达 7.5 亿次，品牌商品交易总额高达 8 400 万元。

问题：

（1）在这个案例中，采用了哪种网络直播推销模式？

（2）请说出该直播推销模式的优点？

7. 小李是深圳一家空气净化设备企业的网络推销人员，他在今年采用了搜索引擎推销的策略，精准地获取目标用户，在百度搜索中“新风系统”和“空气净化”以及相关的关键词自然搜索结果，小李所在的企业网站都出现在百度搜索引擎前几页，快速地获取了大量的客户资源。当年就实现了从创立公司到年销售额 2 000 万元的成绩。

问题：

（1）在这个案例中，小李采用了哪种网络推销模式？

（2）小李是如何做到让企业网站排在百度自然搜索前几页的？

8．淘宝主播小红在每场直播都要说那句话“话不多说，我们来抽波奖”，并且奖品都是比较热门的产品，比如智能手机、奢侈品、大牌口红等等。奖品的配置给人一种“不看直播就错过一个亿”的感觉，再加上直播过程中的不定时抽红包互动，吸引了大量粉丝长时间驻留直播间。

问题：

（1）直播推销都可以通过哪些手段让用户增加在直播间的观看时长？

（2）请简述网络直播推销活动的内容安排？

9．海伶山珍店铺把“山里人的货”搬到了线上，目前已经做到了电商平台的 3 皇冠，年销售额达到了 350 万元，店铺目前已经拥有了 23 万粉丝，店铺的热卖产品农家土蜂蜜已经累计售出上万斤。

店主赵海伶提到，海伶山珍能够走到今天，很大一部分原因来自口碑的传播。赵海伶把每次进山取货的照片一一拍下来，把进山取货的经历和图片放到店铺的首页和宝贝详情页，这些照片让买家产生了身临其境的真实感。

问题：

农产品选择在第三方电商平台开通网络店铺推销都有哪些优势？

推销实务题型示例

一、单选题（每小题 2 分，共 40 分）

1. 为了给客户留下深刻的印象，推销人员可以佩戴某种代表公司的标记或穿上某种与产品形象相符合的衣服，体现了推销人员服饰规范的（　　）。

A. 整体性原则　　B. 适度原则

C. 特色原则　　D. TOP 原则

2. 某品牌洗发水首先提出“无硅油”的概念，让客户认识到购买该产品比购买其他产品更能满足自身的需要。这是推销产品的（　　）。

A. 核心利益　　B. 差别优势

C. 性价比　　D. 使用价值

3. 推销员的岗位职责不包括（　　）。

A. 销售开展　　B. 客户管理

C. 信息反馈　　D. 团队建设

4. 客户需求鉴定的主要内容不包括（　　）。

A. 对现实需求的鉴定　　B. 对潜在需求的鉴定

C. 对需求量的鉴定　　D. 对客户的鉴定

5. 推销人员逐一拜访特定区域所有的个人和组织，这种寻找客户的方法是（　　）。

A. 广告开拓法　　B. 普遍寻找法

C. 个人观察法　　D. 资料查阅法

6. 使用中心开花法寻找客户采用的“中心人物”可以是（　　）。

A. 专家　　B. 学生

C. 公务员　　D. 打字员

7. 能避免客户被突然来访打扰，也使推销人员免受奔波之苦的一种最常用、效率极高的约见方式是（　　）。

A. 广告约见　　B. 电话约见

C. 当面约见　　D. 委托约见

8. 下列不属于竞争网站分析的是（　　）。

A. 分析其网站的结构和布局

B. 分析其搜索引擎优化的情况

C. 分析其网站的风格

D. 分析其网站数据情况，如点击率、转化率

9.“王工好，您是建工方面的专家，您看看我们新研究的这款产品，与同类产品相比具有哪些优势？”推销员采用的接近方法是（　　）。

A．产品接近法　　B．利益接近法

C．求教接近法　　D．聊天接近法

10．接近个人客户需要了解的情况不包括（　　）。

A．采购惯例　　B．家庭及其成员情况

C．基本情况　　D．需求和购买情况

11．“我家的西瓜又大又甜，好吃不贵，吃了还想吃!”推销员采用的提示方法是（　　）。

A．联想提示法　　B．逻辑提示法

C．直接提示法　　D．间接提示法

12．“这款运动装有适合您的尺寸，您要不要试一试？”推销员采用的提问方法是（　　）。

A．直接型提问　　B．协商型提问

C．启发型提问　　D．限制型提问

13．“我的产品还没有用完，用完再联系你!”此回答方式体现的客户异议类型是（　　）。

A．服务异议　　B．产品异议

C．购买时间异议　　D．支付能力异议

14．属于产品异议处理策略的是（　　）。

A．增值法　　B．利益得失法

C．时间分解法　　D．现场示范

15．客户对产品表示赞同和肯定，这是成交的（　　）。

A．表情信号　　B．心理信号

C．行为信号　　D．语言信号

16．假定成交法的适用时机是（　　）。

A．客户没有购买信号时　　B．客户有明确购买信号时

C．短期提高销售数量时　　D．客户没主见、犹豫不决时

17．“这小区房子快卖完了……您是一次性付清，还是分期付款？”推销员使用的成交方法是（　　）。

A．请求成交法　　B．小点成交法

C．假定成交法　　D．选择成交法

18．大客户管理的首要任务是（　　）。

A 优先保证为大客户服务　　B．密切关注大客户动态

C．对客户制定适当的奖励政策　　D．在大客户中开展新服务项目的试销

19．约见客户的时机选择不合适的是（　　）。

A．客户开张营业时　　B．客户下班后

C．客户晋升提拔时　　D．客户对原先的商品有意见时

20．接近客户的技巧不包括（　　）。

A．有的放矢地准备　　B．建立良好的第一印象

C．准确无误地称呼客户　　D．接近之初的自我介绍

二、判断题（每小题 2 分，共 20 分。）

21．推销三要素包括：推销主体、推销品、推销利益。（　）

22．现代推销观念就是从客户需求得到满足中获利。（　）

23．连锁介绍法是通过现有客户的介绍，在推销人员和准客户之间架起桥梁。（　）

24．推销活动日程计划是针对每天的推销活动而做的计划，安排周密详细，具有很强的针对性和可操作性。（　）

25．进行推销约见，首先要明确具体的约见事由。（　）

26．推销约谈的目的在于向客户传递信息，诱发客户的购买动机，激发客户的购买欲望，进而说服客户采取购买行动。（　）

27．企业在售前、售中、售后提供的服务不到位，这是来自企业方面的客户异议。（　）

28．短视频推销具有用户精准度高、信息到达率高、推销方式多样的优势。（　）

29．建立客户档案是将客户资料进行记录、保存、分析、整理、应用的管理过程。（　）

30．推销员对手中掌握的客户无须进行筛选，可按拜访的先后顺序再追踪接近。（　）

三、名词解释（每小题 3 分，共 12 分）

31．个人观察法　　32．鼓动提示法

33．询问处理法　　34．请求成交法

四、简答题（每小题 4 分，共 16 分）

35．简述团体客户支付能力鉴定的方式。

36．简述有效处理客户投诉的方法和步骤。

37．简述收款的有效手段。

38．简述网络直播推销的几种方式。

五、综合题（每小题 6 分，共 12 分）

39．某品牌家用投影仪推销员向顾客推销一款新型投影仪，他说：“您看这款杯型投影仪，尺寸小、重量轻、自带电池、自动对焦，可以随身携带，无论出差还是全家外出旅行都可以随时播放好看的电影或电视节目，增添生活的乐趣。您看，京东上有二十多万的消费者评价……”说着就拿出手机给顾客看此款投影仪的销售情况。

问题：

（1）该推销员采用了哪种推销模式？（1 分）

（2）写出该模式的英文缩写及每个字母代表的中文含义。（5 分）

40．客户：“我不像年轻人那么爱漂亮，不需要这么高档的化妆品。”

推销员：“正是因为年龄大，才需要使用高档化妆品。年轻人皮肤好，新陈代谢旺盛，一般的化妆品就能满足日常所需，您就不同了……”

问题：

（1）该推销员使用了哪种处理客户异议的方法？（2 分）

（2）简述使用这种方法的注意事项。（4 分）

第二部分

营销策划实务

项目一

走进营销策划——异彩纷呈

要点图解

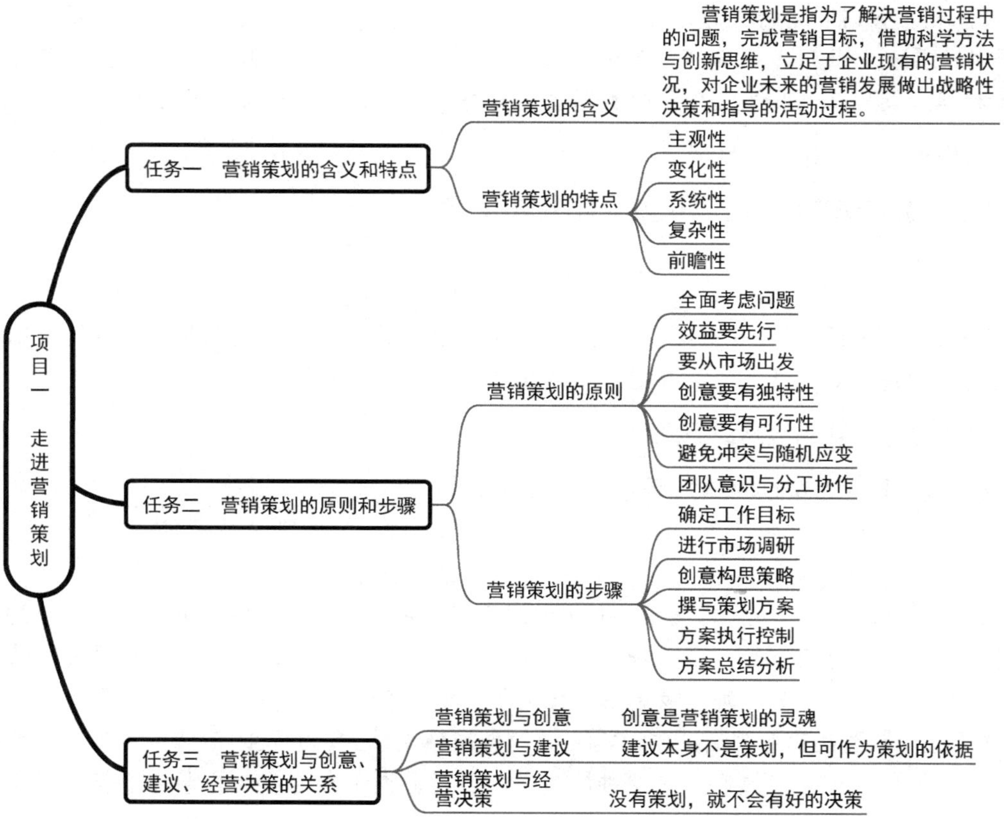

复习要求

1. 了解营销策划的含义和特点。
2. 熟练掌握营销策划的原则。
3. 掌握营销策划的步骤。
4. 了解营销策划与创意、建议和经营决策的关系。

例题解析

知识点一　营销策划的含义

【例题 1】营销策划是指为了解决（　　）过程中的问题，完成营销目标，借助科学方法与创新思维，立足于企业现有的营销状况，对企业未来的营销发展做出战略性决策和指导的活动过程。

A．经营　　　　B．营销

C．生产　　　　D．竞争

【解析】营销策划是指为了解决营销过程中的问题，完成营销目标，借助科学方法与创新思维，立足于企业现有的营销状况，对企业未来的营销发展做出战略性决策和指导的活动过程。故选 B。此类题主要考查考生对营销策划含义的理解。

【例题 2】判断正误：市场营销策划适合任何一款产品，包括无形的服务。（　　）

【解析】营销策划的概念见上题解析。因此市场营销策划适合于任何一款产品，包括无形服务，要求企业根据市场环境变化和自身资源状况做出相应的规划，从而提高产品销量获取利润。故此题判断为正确。此类题主要考查考生对营销策划含义的理解。

知识点二　营销策划的特点

【例题】营销策划的特点不包括（　　）。

A．主观性　　　　B．复杂性

C．刺激性　　　　D．系统性

【解析】营销策划具有主观性、变化性、系统性、复杂性和前瞻性特点。本题中的刺激性不属于营销策划的特点。故选 C。此类题主要考查考生对营销策划特点的掌握。

知识点三　营销策划的原则

【例题 1】营销策划的原则不包括（　　）。

A．全面考虑问题　　　　B．服务性原则

C．创意要有独特性　　　　D．创意要有可行性

【解析】营销策划的原则包括：全面考虑问题；效益要先行；要从市场出发；创意要有独特性；创意要有可行性；避免冲突与随机应变；团队意识与分工协作。本题中的服务性原则不属于营销策划的原则。故选 B。此类题主要考查考生对营销策划原则的掌握。

【例题 2】现在的营销活动中，需要的信息量越来越大，涉及的新技术越来越复杂，企业对市场的反应也越来越快。在这种情况下，越发显得个人力量的有限与薄弱，因此要注

意遵循营销策划的（　　）原则。

A．创意要有可行性　　B．避免冲突与随机应变

C．团队意识与分工协作　　D．全面考虑问题

【解析】团队意识与分工协作是营销策划中非常重要的原则。一是团队之间可以进行知识和经验的互补；二是通过分工，可以缩短策划的时间；三是策划者与执行者紧密合作，时刻沟通。故选 C。此类题主要考查考生对营销策划每项原则的具体内容的掌握。

知识点四　营销策划的步骤

【例题】营销策划是一项灵活性很强的工作，但要遵循一定的步骤，才会取得事半功倍的效果。营销策划的第一步工作是（　　）。

A．分析市场机会　　B．确定工作目标

C．进行市场调研　　D．撰写策划方案

【解析】一般来说，营销策划的基本步骤为：（1）确定工作目标；（2）进行市场调研；（3）创意构思策略；（4）撰写策划方案；（5）方案执行控制；（6）方案总结分析。营销策划的第一步是要确定工作目标。故选 B。此类题主要考查考生对营销策划步骤的掌握。

知识点五　营销策划与创意的关系

【例题 1】在营销活动过程中，不断推出新的（　　）才是企业营销活动制胜的关键。

A．设想　　B．创意

C．方案　　D．建议

【解析】策划并无定法，打破常规、出奇制胜是策划活动的魅力所在，也是策划的制胜法宝。实践证明，只有构思独特、有所创新的营销活动，才能产生巨大的市场冲击力与震撼力，才能给企业带来持久的生命力与竞争力。因此在营销活动过程中，不断推出新的创意是企业营销活动制胜的关键。故选 B。此类题主要考查考生对营销策划与创意的关系的理解。

【例题 2】填空：创意是营销策划的（　　）。

【解析】创意是策划中某一个具体实施方面的好点子。在营销活动过程中，不断推出新的创意才是企业营销活动制胜的关键，所以说创意是营销策划的灵魂。故此题应填（灵魂）。此类题主要考查考生对营销策划与创意的关系的理解。

知识点六　营销策划与建议的关系

【例题】（　　）可以作为策划的依据。

A．设想　　B．创意

C．方案　　D．建议

【解析】建议本身不是策划，但可以作为策划的依据。合理化的建议很宝贵，但如果没进行策划，使之有针对性地融入企业的营销发展之中，那么再好的建议也是空话。故选 D。此类题主要考查考生对营销策划与建议的关系的理解。

知识点七　营销策划与经营决策的关系

【例题】判断正误：没有策划，就不会有好的决策。（　　）

【解析】企业的经营决策包括两个阶段：一是在决定之前需要根据企业的发展目标制订

相应的营销方案，通过比较和调研来决定怎么做；二是在决定后如何去执行和实施，从而达到预期的营销目标。在以上两个阶段都需要进行策划，没有策划就不会有好的决策，没有好的决策，就会对企业的人力、物力、财力造成极大的浪费。故此题判断为正确。此类题主要考查考生对营销策划与经营决策关系的理解。

基础训练

一、单选题

1．（　　）是指为了解决营销过程中的问题，完成营销目标，借助科学方法与创新思维，立足于企业现有的营销状况，对企业未来的营销发展做出战略性决策和指导的活动过程。

A．营销策划　　B．营销战略
C．经营策划　　D．经营战略

2．营销策划包括多个方面的内容，是一个系统的工程，这体现出的营销策划的（　　）特点。

A．主观性　　B．系统性
C．变化性　　D．复杂性

3．营销策划的（　　）是指即使相同的策划环境，不同的策划人员从不同的角度，在不同的背景下，也不可能策划出一模一样的方案。

A．系统性　　B．主观性
C．变化性　　D．复杂性

4．多种因素都会对营销策划产生影响，而且这些因素还会不断地发生变化，因此营销策划方案也不能是一成不变的，这体现了营销策划的（　　）特点。

A．系统性　　B．主观性
C．变化性　　D．复杂性

5．营销策划的（　　）是指营销策划是对未来的安排，要对未知的因素进行评估和判断。

A．主观性　　B．系统性
C．前瞻性　　D．复杂性

6．营销策划涉及多个领域、多个学科的知识，更重要的是还需要策划人员丰富的经营和创造性的思维，这体现了营销策划的（　　）特点。

A．系统性　　B．主观性
C．变化性　　D．复杂性

7．以下（　　）特点不属于营销策划的特点？

A．系统性　　B．操作性
C．变化性　　D．复杂性

8．营销策划是为了解决（　　）营销过程中的问题，实现销售目标而进行的一种策划活动。

A．组织　　B．个人

C．家庭　　D．企业

9．营销策划的（　　）原则要求必须要注意对市场信息的收集和分析，其中包括各种宏观和微观营销环境的信息。

A．要从市场出发　　B．效益要先行

C．全面考虑问题　　D．创意要有独特性

10．杰克·韦尔奇说过“不创新就死亡”，这体现了营销策划的（　　）原则。

A．要从市场出发　　B．效益要先行

C．创意要有可行性　　D．创意要有独特性

11．“把牙膏口扩大一毫米”的创意体现了营销策划的（　　）原则。

A．全面考虑问题　　B．效益要先行

C．要从市场出发　　D．创意要有独特性

12．在进行市场营销策划时，要求策划人员从全局考虑问题，这体现了营销策划的（　　）原则。

A．全面考虑问题　　B．效益要先行

C．要从市场出发　　D．创意要有独特性

13．策划创意的内容要有实现的可能，要与企业现有的人力、物力、财力合理结合，才能实现营销目标，解决问题，这体现了营销策划的（　　）原则。

A．全面考虑问题　　B．效益要先行

C．创意要有可行性　　D．创意要有独特性

14．营销策划的（　　）原则要求需要时刻注意外部环境的变化，根据变化及时调整相应的方案，且绝不能与外部环境有所冲突。

A．全面考虑问题　　B．避免冲突与随机应变

C．创意要有可行性　　D．创意要有独特性

15．蒙牛公司在“中国航天员专用产品”策划中，准备了详细的预备方案，以使蒙牛的宣传进退有据，这体现了营销策划的（　　）原则。

A．创意要有可行性　　B．避免冲突与随机应变

C．全面考虑问题　　D．创意要有独特性

16．营销策划过程中的确定工作目标是营销策划工作的（　　）。

A．第一步　　B．第二步

C．第三步　　D．第四步

17．营销策划的第二个步骤是（　　）。

A．确定策划对象　　B．确定工作目标

C．确定策划方案　　D．进行市场调研

18．营销策划的最后一个步骤是（　　）。

A．创意构思策略　　B．撰写策划方案

C．方案执行控制　　D．方案总结分析

19．营销策划的过程分为（　　）个步骤。

A．4　　B．5

C．6　　D．7

20．营销策划的灵魂和生命力的集中体现是（　　）。

A．策划对象　　B．策划目标

C．策划创意　　D．策划方案

21．在营销活动过程中，不断推出新的（　　）才是企业营销活动制胜的关键。

A．设想　　B．创意

C．方案　　D．建议

22．建议本身不是策划，但它可以作为策划的（　　）。

A．理论　　B．方案

C．依据　　D．构思

23．在电视机只有黑白款式的时候，把电视机生产成彩色电视机就是一个好（　　）。

A．设想　　B．创意

C．方案　　D．建议

24．通过创意或建议来提供依据，从而做出营销策划方案，再通过比较和调研来制定（　　）。

A．营销方案　　B．经营决策

C．经营策略　　D．经营方案

25．企业的经营决策包括两个阶段，每个阶段都需要进行（　　），没有策划就不会有好的决策，没有好的决策，就会对企业的人力、物力、财力造成极大的浪费。

A．调研　　B．建议

C．考查　　D．策划

二、判断题

1．营销策划是为了解决营销过程中的问题，完成营销目标，对企业未来的营销发展做出战略性决策和指导的活动过程。（　　）

2．策划就是好点子。（　　）

3．策划的本质是一种思维智慧的结晶。（　　）

4．我们熟知的“把牙膏管口扩大一毫米”的创意体现了营销策划效益要先行的原则。（　　）

5．一份成功的营销策划不一定能给企业带来效益。（　　）

6．可行性是市场营销策划必须遵循的原则。（　　）

7．营销策划的第一步是进行市场调研。（　　）

8．撰写策划方案是营销策划中的一个步骤。（　　）

9．在营销活动过程中，只有不断推出创意才是企业营销活动制胜的关键。（　　）

10．营销策划包括多方面内容，而且还包含多个环节，是一个整体工程，这指的是营销策划的复杂性。（　　）

11．策划的构想要有实现的可能，要做到这一点，必须将创意与企业现有的人力、财力、物力合理结合，才能实现营销目标，解决问题。（　　）

12．营销策划方案不是看写作水平，不是看规模大小，也不是看费用多少，而是看谁的策划带来的效益最高。（　　）

13．营销策划是一项灵活性很强的工作，可以不遵循一定的顺序步骤。（　　）

14. 我们熟知的“老鼠为猫挂铃铛”的小故事，揭示的就是营销策划时创意要有独特性。（ ）

15. 营销策划时要时刻注意外部环境的变化。（ ）

16. 建议本身不是策划，但可以作为策划的依据。（ ）

17. 营销策划是万能的。（ ）

18. 没有策划，就不会有好的决策。（ ）

19. 在考虑策划方案的时候，只要对一种主要的、可能的方案制订得详尽完备就行了，不用准备预备方案。（ ）

20. 营销策划方案不能是一成不变的。（ ）

三、名词解释

1. 营销策划

2. 策划

3. 创意

四、简答题

1. 营销策划的特点有哪些？

2. 营销策划的原则有哪些？

3. 营销策划呈现出一定的发展趋势，其主要表现有哪些？

4. 简述营销策划的步骤。

5. 营销策划与创意、建议、经营决策的关系是什么？

提升进阶

1．2021 年春节，风头最劲的莫过于《你好，李焕英》了，截至 2021 年 3 月 9 日，该部影片的累计票房已经达到 51.53 亿元，成为 2021 春节档最大赢家。

围绕该部影片的话题也层出不穷，从跨界导演贾玲说票房突破 30 亿元要瘦成一道闪电，到被电影带火的湖北襄阳的胜利化工厂，再到这部影片不仅让贾玲成为中国电影史上票房最高的女导演，而且将沈腾推上了中国电影史上首位票房破 200 亿元先生，等等。

关于这部电影的各种信息不仅出现在报纸、电视上，而且在抖音、快手等各种短视频平台上也满屏皆是。各大公众号上的文章，甚至朋友圈里的小文，都是不断把消费者推向影院的动力。同时，电影院里各式各样的促销活动也让人们忍不住心动。通过这部电影的成功，我们认识到，一部电影的热卖就像一款商品的畅销一样离不开天时、地利、人和。

问题：

你从中有哪些感悟？你觉得做好营销策划应注意哪些问题？

2．面对一个陌生的新品牌，能不能只看一眼，只听一声，就能够记住它、熟悉它、喜欢它，并乐意为之掏钱购买，甚至逢人就爱谈论它？一个优秀的策划，它的衡量标准就是观察其执行结果水平，不是看规模大小，也不是看费用多少，而是看谁的策划带来的效益最高。

问题：

创意是不是就是营销策划，它和营销策划是什么关系？

项目二

深入市场调查——有的放矢

要点图解

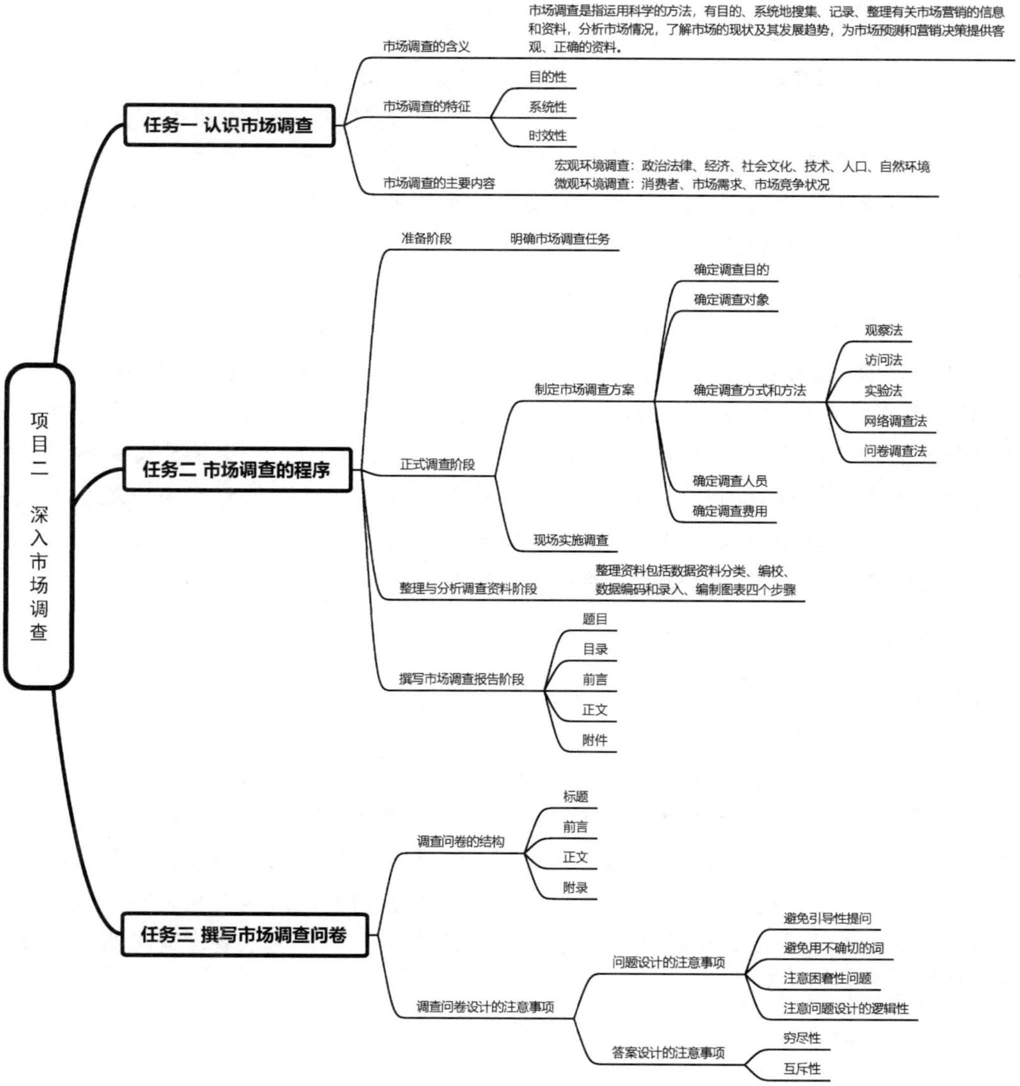

复习要求

1. 了解市场调查的内容。
2. 掌握市场调查的程序。
3. 熟练掌握市场调查的基本方法。
4. 掌握调查问卷的结构及问卷调查设计的注意事项。
5. 熟练掌握市场调查报告的撰写。

例题解析

知识点一　市场调查的内容

【例题 1】下列属于企业宏观环境市场调查内容的是（　　）。

A．企业使命　　B．企业发展战略

C．企业业绩表现　　D．社会文化因素

【解析】市场调查的内容十分广泛，可以分为宏观环境调查和微观环境调查两个方面。宏观环境调查的内容有：政治法律环境调查、经济环境调查、社会文化环境调查、技术环境调查、人口环境调查、自然环境调查；微观环境调查的内容有：消费者情况调查、市场需求调查、市场竞争状况调查。社会文化因素属于宏观环境调查内容。故选 D。此类题主要考查考生对市场调查的主要内容的掌握。

【例题 2】下列调查中，属于消费者情况调查的是（　　）。

A．对某种拖拉机市场的调查　　B．对化肥市场的调查

C．对钢材市场的调查　　D．对服装价格接受度的调查

【解析】消费者的情况调查具体包括三方面的内容：（1）消费者对价格的敏感度，即消费者对产品和服务定位高低的接受程度及价格变动的敏感程度；（2）消费者的购买动机，即引起消费者购买某种商品的念头；（3）消费者的购买行为，即消费者为满足个人或家庭需要而购买商品或服务的行为。对服装价格接受度的调查属于消费者的情况调查。故选 D。此类题主要考查考生对市场调查的主要内容的掌握。

知识点二　市场调查的程序

【例题】市场调查的最后一个步骤是（　　）。

A．形成调查报告　　B．数据处理

C．设计市场调查方案　　D．辨别所需信息的类型

【解析】要顺利地进行市场调查，确保调查质量达到预期目标，必须科学安排市场调查过程中的各项工作，一般市场调查的过程按照以下步骤进行：（1）调查的准备阶段，明确调查任务；（2）正式调查阶段；（3）整理与分析调查资料阶段；（4）撰写市场调查报告阶段。形成调查报告是市场调查的最后一个步骤。故选 A。此类题主要考查考生对市场调查程序的掌握。

知识点三 市场调查的方法

【例题】市场调查的方法有很多，其中主要有访问法、观察法、网络调查法、（　　）和问卷调查法等。

A．面谈调查法　　B．座谈法
C．邮寄调查法　　D．实验法

【解析】市场调查的方法是指搜集资料的具体方法，在具体做市场调查时，应根据调查项目的难易程度和调查要求，选择具体的调查方法。具体的调查方法有：观察法、访问法、实验法、网络调查法、问卷调查法。故选 D。此类题主要考查考生对市场调查程序中的市场调查方法的掌握。

知识点四 调查问卷的结构

【例题 1】（　　）是问卷的主体，是调查问卷中最重要的部分。

A．标题　　B．说明部分
C．问题部分　　D．结束语

【解析】一份完整的调查问卷一般是由标题、说明部分、问题部分和结束语组成，问题部分是问卷的主体部分或核心部分。所以说，问题部分是调查问题中最重要的部分。故选 C。此类题主要考查 考生对调查问卷结构的掌握。

【例题 2】（　　）是对问题事先设计了各种可能的答案，由被调查者按要求从中选择。

A．封闭式问题　　B．开放式问题
C．半开放式半封闭式问题　　D．保守式问题

【解析】一般情况下，问卷中的问题可以采用封闭式问题、开放式问题、半开放式半封闭式问题。封闭式问题的题型是标准化的，由被调查者按要求从中选择。故选 A。此类题主要考查考生对调查问卷结构中正文的掌握。

知识点五 问卷调查设计的注意事项

【例题】问卷设计“某某啤酒制作精细，泡沫丰富，味道纯正，您是否喜欢”犯了（　　）方面的错误。

A．不易回答　　B．容易引起误解
C．使用了不适当的假设　　D．引导性问题

【解析】在设计调查问卷的问题时要注意的事项有：（1）避免引导性提问；（2）避免用不确切的词；（3）避免困窘性问题；（4）注意问题设计的逻辑性。“某某啤酒制作精细，泡沫丰富，味道纯正，您是否喜欢”属于引导性问题。故选 D。此类题主要考查考生对调查问卷设计的注意事项的掌握。

知识点六 资料整理

【例题】资料整理的（　　）工作可以为统计分析奠定基础，使资料显得紧凑、简明、醒目。

A．调查资料的审查　　B．资料的分类
C．编制统计表　　D．资料的汇总

【解析】在分类与汇总的基础上，编制统计表有利于比较和计算各种指标之间的关系，

使大量资料系统化、条理化，为统计分析奠定基础。故选 C。此类题主要考查考生对资料整理的掌握。

知识点七 撰写市场调查报告

【例题 1】以设问、反问等形式，突出问题的焦点和尖锐性来吸引读者的调查报告题目形式是（ ）。

A．直叙式　　B．表现式

C．提出问题式　　D．正、副标题式

【解析】标题是市场调查报告题目部分的主要内容，应能明确、简洁地表达调查主题和内容。标题的形式有：直叙式、表现式、提出问题式。提出问题式是以设问、反问等形式，制造悬念，引人入胜。故选 C。此类题主要考查考生对市场调查报告组成部分的掌握。

【例题 2】（ ）能够全面、及时、准确地反映市场调查的主要结果。

A．调查方法　　B．调查问卷

C．调查报告　　D．调查内容

【解析】调查报告是对某项工作、某个事件、某个问题，经过深入细致的调查后，将调查中收集到的材料加以系统整理，分析研究，以书面形式向组织和领导汇报调查情况的一种文书。市场调查报告要全面、及时、准确地反映市场调查的主要结果，还要对调查结果的分析、解释提出明确的观点、结论及建议，在格式和语言上要层次清晰，易于阅读，使阅读者能很快抓住调查的主要结论。故选 C。此类题主要考查考生对调查报告的掌握。

基础训练

一、单选题

1．（ ）不是市场调查的内容。

A．社会保险　　B．市场竞争

C．消费者需求　　D．服装流行款式

2．市场调查的最后一个步骤是（ ）。

A．实施方案，进行实地调查　　B．制订市场调查方案

C．整理资料，撰写市场调查报告　　D．明确市场调查任务

3．经营环境调查不包括（ ）。

A．政策法律环境　　B．行业环境

C．微观环境　　D．宏观经济环境

4．从事美容美发业，应该了解该行业国内及本地区的发展状况，国际、国内流行趋势和先进美容技术，该行业的行业规范等，这是经营环境调查的（ ）调查。

A．政策法律环境　　B．行业环境

C．微观环境　　D．宏观经济环境

5．了解市场上某种产品的销售方式属于（ ）调查。

A．经营环境　　B．市场销售策略

C．市场需求　　D．顾客情况

6．了解顾客的购买动机属于（ ）调查。

A. 经营环境　　B. 市场销售策略
C. 市场需求　　D. 顾客情况

7. 了解市场对某种产品或服务项目的长期需求态势属于（　　）调查。
A. 经营环境　　B. 市场销售策略
C. 市场需求　　D. 消费者情况

8.（　　）是制订市场调查方案的首要问题。
A. 确定调查对象　　B. 确定调查目的
C. 确定调查方式　　D. 确定调查项目

9. 下列有关信息，可通过实验调查法获得的是（　　）。
A. 国民收入的变动对消费的影响
B. 顾客在商场中的行走路线
C. 股价对房价的影响
D. 其他因素不变，测定某一种商品的价格变化对销售的影响

10. 调查人员用仪器记录街道某一时间内所通过的车辆、行人数量及方向，属于（　　）。
A. 访问法　　B. 观察法
C. 文案调查法　　D. 实验法

11. 新兴的调查方法是（　　）。
A. 网络调查法　　B. 观察法
C. 实验法　　D. 访问法

12. 下列哪种市场调查方法不属于观察法？（　　）。
A. 记录顾客在商场的停留时间　　B. 商场安装摄像机记录顾客购物行为
C. 记录顾客在商场中的行走路线　　D. 问商场营业员商品销售情况

13. 市场调研最常用的调查方法是（　　）。
A. 问卷调查法　　B. 观察法
C. 实验法　　D. 访问法

14. 调查者有意识地控制一个或多个自变量，研究在其他因素都不变或相同的情况下，这些自变量对因变量的影响或效果，这种方法属于（　　）。
A. 问卷调查法　　B. 观察法
C. 实验法　　D. 访问法

15. 访问法要求调查者提问或者被调查者回答问题要简明扼要，体现的特点是（　　）。
A. 问答性　　B. 多样性
C. 简明性　　D. 复杂性

16. 开放式问题最为常用的形式是（　　）。
A. 是非式　　B. 选择式
C. 排序式　　D. 自由回答式

17. 问卷中的问题设计有开放式、（　　）和半开放式半封闭式。
A. 半开放式　　B. 框图式
C. 封闭式　　D. 半封闭式

18. 某调查问卷的问题："您自己有手机吗？请选择答案：A.有；B.没有"属于（　　）

问题。

A．公开式　　B．开放式

C．保守式　　D．封闭式

19．（　　）是调查问卷的主体部分或核心部分。

A．标题　　B．说明部分

C．问题部分　　D．结束语

20．问卷调查中对所提出的问题并不列出所有可能答案，而是由被调查者自由作答的问题是（　　）。

A．态度性问题　　B．动机性问题

C．封闭性问题　　D．开放性问题

21．正文问题的形式不包括（　　）。

A．封闭式问题　　B．开放式问题

C．半开放半封闭式问题　　D．判断式问题

22．在调查问卷中，主要说明调查主题、调查目的、调查意义，以及向被调查者表示感谢。这是调查问卷的（　　）。

A．说明部分　　B．问题部分

C．结束语　　D．标题

23．“很多人认为保暖内衣效果不错，您的感觉呢？”这样的问题设计不符合问题设计时要注意的（　　）。

A．客观性　　B．普遍性

C．整体性　　D．困窘性

24．将搜集到的资料进行科学加工、综合，使之系统化，这一过程是（　　）。

A．市场调查　　B．市场分析

C．市场预测　　D．资料整理

25．“信息市场出路何在？”的调查报告题目属于（　　）。

A．直叙式　　B．表现式

C．提出问题式　　D．正、副标题式

26．市场调查报告的主体内容是（　　）。

A．题目　　B．目录

C．正文　　D．前言

27．（　　）能全面、及时、准确地反映市场调查的主要结果，并能对调查结果进行分析、解释，提出明确的观点、结论及建议。

A．调查问卷　　B．调查方式

C．调查资料　　D．调查报告

28．市场调查报告的结构不包括（　　）。

A．前言　　B．附件

C．题目　　D．摘要

29．调查报告的正文不包括（　　）。

A．调查方法　　B．调查问卷

C．调查结果　　　　D．调查对象

30．（　　）是对市场调查报告正文的补充或更详尽的说明。

A．目录　　　　B．前言

C．正文　　　　D．附件

二、判断题

1．明确市场调查的任务是整个市场调查环境的起点。（　　）

2．确定调查目的是制订市场调查方案的首要问题。（　　）

3．了解顾客的消费需求属于市场需求调查。（　　）

4．市场需求调查包括市场需求量的调查和市场需求趋势的调查。（　　）

5．经营环境调查包括政策法律环境和宏观经济状况调查。（　　）

6．观察法通过侧面观察调查对象的态度和行为，不受调查对象主观因素的干扰，反映的信息内容较为真实客观。（　　）

7．问卷调查法是市场调研最常用的调查方法。（　　）

8．观察法是集中第一手资料最常见的一种方法。（　　）

9．在设计调查问卷的答案时，同一问题的不同答案不能相互包容和重叠。（　　）

10．市场调查方案的主体是调查对象。（　　）

11．采用叙述方法统计资料比统计表格表述统计资料更为紧凑、简明。（　　）

12．确定调查项目时，要根据调查目标来确定具体调查内容、指标或因素。（　　）

13．“很多人认为保暖内衣效果不错，您的感觉呢？”这样的问题设计不符合问题设计时要注意的整体性。（　　）

14．资料整理就是将调查搜集到的资料进行科学的加工、综合，使之系统化，这是一个去粗存精、去伪存真、由此及彼、由表及里的过程。（　　）

15．正文一般包括对调查方法的说明、介绍调查结果和提出结论与建议。（　　）

16．在市场调查报告中，结论部分不可以与调查结果合并为一个部分。（　　）

17．在设计问卷问题时通常采用封闭式问题。（　　）

18．在设计问卷问题时一般先特定问题，后泛指问题；先封闭式问题，后开放式问题。（　　）

19．访问调查法的特点是问答性、多样性、简明性，是集中第一手资料最常见的方法。（　　）

20．市场调查结果的描述形式通常是表格或图形。（　　）

三、名词解释

1．市场调查　　　　2．调查对象

3．观察法　　　　4．问卷调查法

5．调查报告　　　　6．调查问卷

7．封闭式问题　　　　8．资料整理

四、简答题

1．市场调查的内容包括哪些？

2．市场调查方案的内容包括哪些？

3．市场调查的方法有哪些？

4．数据整理的四个步骤是什么？

5．市场调查报告一般包括哪些部分？

6．市场调查报告的正文一般包括哪些内容？

7．调查问卷问题设计的注意事项有哪些？

8．调查问卷答案设计的注意事项有哪些？

提升进阶

1．校园生活中必不可少的组成部分就是食堂生活，而学校后勤管理的水平将直接影响学生的生活质量。

问题：

请你对你所就读学校的学生食堂情况进行调查，设计并制订一份调查方案。

2．在环保意识越来越强烈的当代社会，环境问题越来越受到广大民众的关注，环境问题与我们每个人息息相关，为了了解大家对环境保护有什么样的看法或者态度，以便发出一些环境保护的措施和建议。

问题：

请你设计一份关于环境保护的调查问卷，不少于 10 个题目。

项目三

产品策划方略——打造精品

要点图解

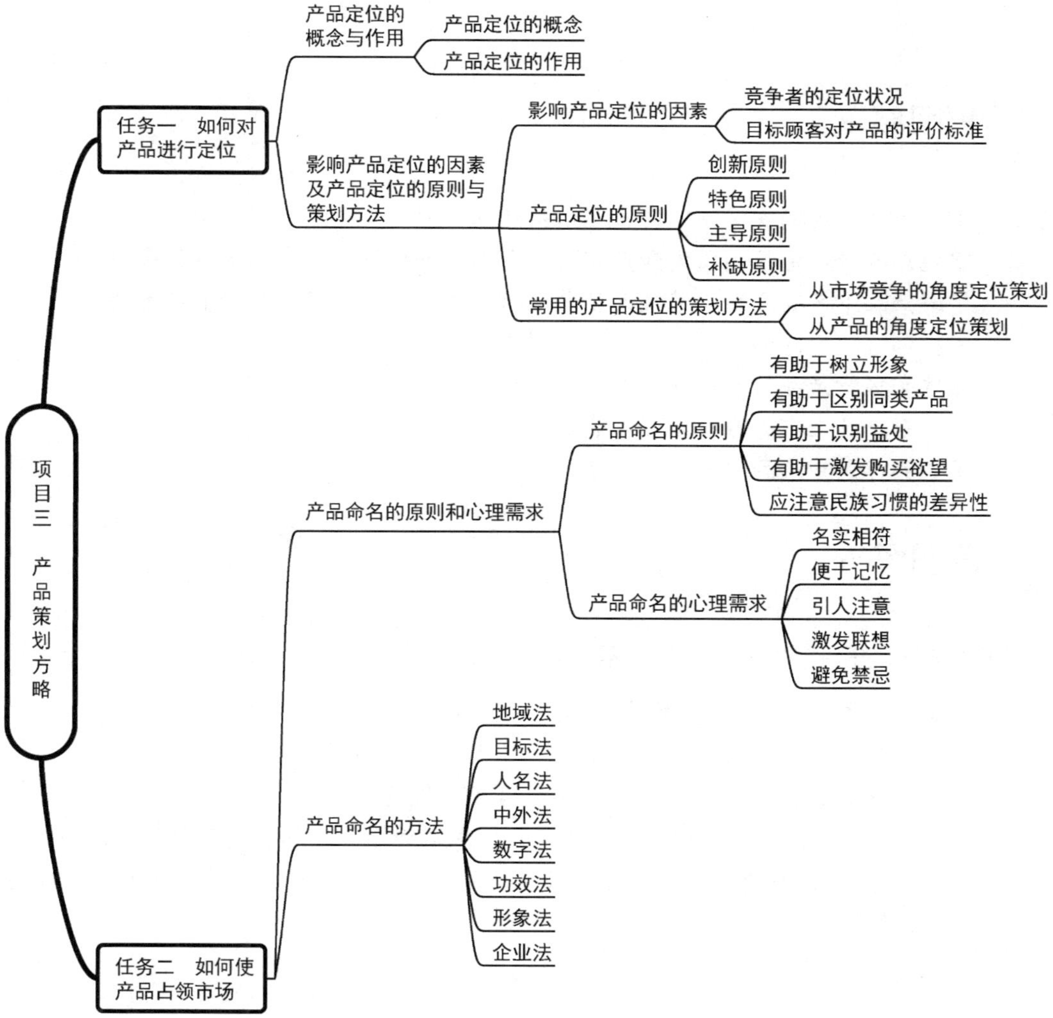

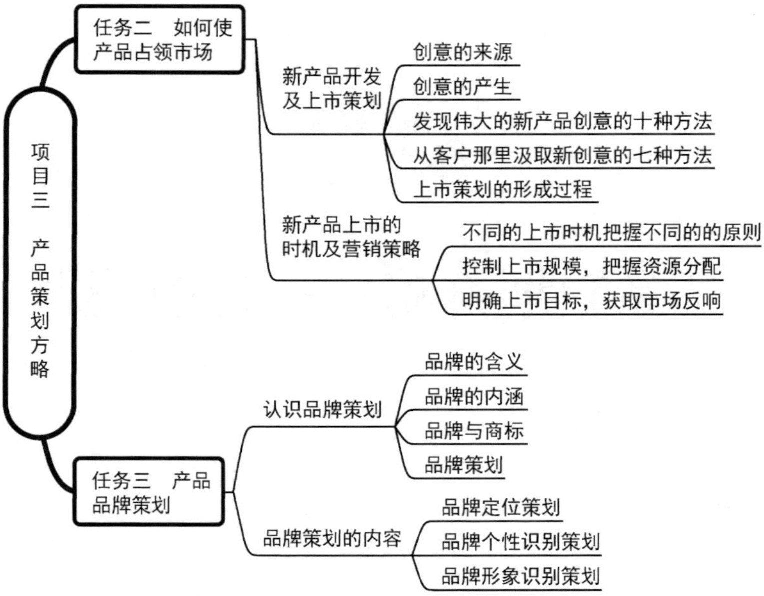

复习要求

1. 掌握产品定位的含义，了解产品定位的作用。
2. 掌握影响产品定位的因素和产品定位原则，并熟练掌握产品定位的方法。
3. 了解产品命名的原则，掌握产品命名的心理要求，掌握产品命名的方法。
4. 掌握创意的来源和产生过程，掌握创意挑选的流程。
5. 熟练掌握新产品上市策划的阶段和内容。
6. 掌握新产品上市的时机和营销策略。
7. 了解品牌策划及品牌策划的内容。

例题解析

知识点一　产品定位的概念与作用

【例题】 下列不属于产品定位作用的是（　　）。

A．赋予优势　　　　B．赢得消费者

C．明确市场　　　　D．确立位置

【解析】 产品定位主要包括以下三个作用：（1）赋予产品应具备的竞争优势；（2）为产品赢得特定而稳定的消费者；（3）确立产品在消费者心目中的不同位置。故选 C。此类题主要考查考生对产品定位作用的掌握。

知识点二 影响产品定位的因素及产品定位的原则与策划方法

【例题 1】产品定位策划的关键原则是（ ）。

A．创新原则　　B．特色原则

C．主导原则　　D．补缺原则

【解析】产品定位的原则包括：创新原则、特色原则、主导原则和补缺原则；特色原则是产品定位策划的关键原则。故选 B。此类题主要考查考生对产品定位原则的掌握。

【例题 2】农夫山泉在初入市场时，将产品定位为天然水，与生产矿物质水的康师傅相区别，这体现了产品定位策划的（ ）原则。

A．属性定位　　B．避强定位

C．竞争定位　　D．利益定位

【解析】产品定位的策划包括从市场竞争角度和从产品角度对商品进行定位。市场竞争角度包括竞争定位和避强定位，产品角度包括属性定位、利益定位和使用者定位。避强定位根据企业自身的力量出发，在初入市场时，先不给自己树立过于强大的敌人，以免被强敌围攻而难以抵挡。在这种思路的基础上，发掘自身产品的独特魅力，结合消费者的真实的、新的需求重点，让消费者有一种耳目一新的感觉，却又不使行业的龙头老大有一种被严重威胁的感受。本题中农夫山泉用天然水作为定位，与生产矿物质水的康师傅相区别，以免康师傅有被威胁的感受。故选 B。此类题主要考查考生对产品定位策划方法的掌握。

知识点三 产品命名的原则和心理需求

【例题 1】“舒尔健”运动鞋能使消费者联想到舒适、健康的穿着感受，体现了产品命名原则应有助于（ ）

A．树立产品形象　　B．区别同类产品

C．识别产品益处　　D．激发购买欲望

【解析】产品命名的原则有：有助于树立产品形象、有助于区别同类产品、有助于识别产品益处、有助于激发购买欲望、注意民族习惯的差异性。产品命名要充分体现产品的属性所能带给消费者的益处，从而通过视觉的刺激，使消费者产生对产品、对企业认知的需求。这是企业形象深入人心的基础。本题中“舒尔健”运动鞋能使消费者联想到舒适、健康的益处。故选 C。此类题主要考查考生对产品命名原则的掌握。

【例题 2】下列不属于产品命名的心理要求的是（ ）。

A．名实相符　　B．便于记忆

C．避免禁忌　　D．命名创新

【解析】在命名时应注意符合五种心理要求：（1）名实相符，指产品名称要与产品的实体特征相适应，使消费者能够通过名称迅速了解产品的基本效用和主要特征；（2）便于记忆，产品的名称应易读易记，以便降低记忆难度；（3）引人注意，是产品命名最主要的目的，也是最重要的要求。（4）激发联想，是产品命名的一项潜在功能，通过名称的文字和发音使消费者产生恰当、良好的联想，激发其购买欲望。（5）避免禁忌，在产品命名时，应注意不同国家、民族的社会文化传统和语言文字的差异。故选 D。此类题主要考查考生对产品命名的心理要求的掌握。

知识点四　产品命名的方法

【例题 1】三九药业的命名方法是（　　）。

A．数字法　　B．形象法

C．企业法　　D．功效法

【解析】产品命名方法中的数字法，即用数字来为品牌命名，借用人们对数字的联想效应，促进品牌的特色。本题中“三九药业”（“999”）是以数字法命名的，寓意健康长寿、事业恒久、友谊永久。故选 A。此类题主要考查考生对产品命名方法的掌握。

【例题 2】大自然木地板的命名方法是（　　）。

A．数字法　　B．形象法

C．企业法　　D．功效法

【解析】产品命名方法中的形象法，即用动物、植物和自然景观来为品牌命名。本题中“大自然”木地板让人感觉地板整体自然、环保、安全，属于形象法命名。故选 B。此类题主要考查考生对产品命名方法的掌握。

知识点五　新产品开发及上市策划

【例题】前期市场评估是新产品上市策划的（　　）阶段。

A．构思与创意　　B．上市准备

C．可行性分析　　D．产品实验

【解析】新产品上市策划一般会经历四个阶段：（1）构想与创意，这一阶段包括新产品构思、筛选构思方案、建立产品概念；（2）可行性分析，这一阶段包括前期市场评估、技术分析、进行市场调查、经济分析；（3）产品实验，这一阶段包括开发研制、产品测试、市场试销、产品试产；（4）上市准备，这一阶段包括商业策划、生产启动、市场启动。本题中前期市场评估在可行性分析阶段。故选 C。此类题主要考查考生对新产品上市策划的掌握。

知识点六　新产品上市的时机及营销策略

【例题】新产品推迟上市日期，在竞争者进入市场后，再把自己的新产品推向市场。晚期上市可以把新产品的市场风险转嫁给（　　），将长期的市场发展作为营销目标。

A．同行　　B．消费者

C．生产者　　D．竞争者

【解析】新产品上市根据不同上市时机可分为早期上市、同期上市、晚期上市。晚期上市即推迟新产品的上市日期，在竞争者进入市场后，再把自己的新产品推向市场。晚期上市可以把新产品的市场风险转嫁给竞争者，将长期的市场发展作为营销目标。故选 D。此类题主要考查考生对新产品上市的时机及营销策略的掌握。

知识点七　认识品牌策划

【例题】判断正误：品牌策划的核心是传播。（　　）

【解析】品牌策划是指企业为了达成某种特定的目标，借助一定的科学方法和艺术手段，为决策、计划而构思、设计、制作策划方案的过程。品牌策划的关键是打造优良的品牌形象，其核心是传播，即如何把企业品牌形象传播出去。本题是对品牌策划概念和含义的陈述。故此题判断为正确。此类题主要考查考生对品牌策划概念的掌握。

知识点八 品牌策划的内容

【例题】品牌策划的内容不包括（ ）。

A．品牌定位策划 B．个性识别策划

C．形象识别策划 D．产地识别策划

【解析】品牌策划注重的是意识形态和心理描述，即对消费者的心理进行规划、引导和激发。品牌策划的内容具体包括品牌定位策划、品牌个性识别策划和品牌形象识别策划。故选 D。此类题主要考查考生对品牌策划内容的掌握。

基础训练

一、单选题

1．（ ）是产品定位策划的关键。

A．创新原则 B．特色原则

C．主导原则 D．补缺原则

2．“你无我有，你有我优，你优我精”属于定位策划的（ ）。

A．属性定位 B．利益定位

C．竞争定位 D．避强定位

3．企业设法抢占夺标，争当第一，体现的产品定位原则是（ ）。

A．创新原则 B．特色原则

C．主导原则 D．补缺原则

4．“最先”“第一”体现的产品定位原则是（ ）。

A．创新原则 B．特色原则

C．主导原则 D．补缺原则

5．从市场竞争角度进行定位的方式是（ ）。

A．避强定位 B．属性定位

C．利益定位 D．优势定位

6．恒大冰泉一面世，就力求扮演行业佼佼者的角色，体现了产品定位策划的（ ）原则。

A．属性定位 B．避强定位

C．竞争定位 D．利益定位

7．产品定位的作用主要有赋予优势、（ ）、确立位置。

A．明确市场 B．厘清渠道

C．锁定顾客 D．赢得顾客

8．在酸奶中添加益生菌，体现了产品定位策划的（ ）原则。

A．属性定位 B．避强定位

C．竞争定位 D．利益定位

9．企业策划新产品上市之前一般会经历四个阶段，分别是构思与创意、（ ）、产品实验、上市准备。

A．可行性分析　　B．市场评估
C．市场调查　　D．经济分析

10．“报喜鸟”体现了产品命名应有助于（　　）的原则。
A．树立产品形象　　B．区别同类产品
C．尊重民族习惯　　D．激发购买欲望

11．下列不属于产品定位原则的是（　　）。
A．创新原则　　B．普遍原则
C．主导原则　　D．补缺原则

12．“飘柔洗发水”体现了产品命名应有助于（　　）的原则。
A．树立产品形象　　B．区别同类产品
C．识别产品益处　　D．激发购买欲望

13．（　　）体现了功效法的命名方法。
A．立白洗衣液　　B．太太口服液
C．娃哈哈口服液　　D．三九药业

14．七匹狼的命名方法是（　　）。
A．数字法　　B．形象法
C．企业法　　D．功效法

15．奔驰的命名方法是（　　）。
A．数字法　　B．形象法
C．企业法　　D．功效法

16．运用动物、植物和自然景观来为品牌命名的方法是（　　）。
A．数字法　　B．形象法
C．目标法　　D．功效法

17．太太口服液的命名方法是（　　）。
A．地域法　　B．形象法
C．目标法　　D．功效法

18．宁夏红的命名方法是（　　）。
A．地域法　　B．形象法
C．目标法　　D．功效法

19．（　　）将创意的产生总结为六个步骤。
A．菲利普・科特勒　　B．詹姆斯・韦伯・扬
C．唐纳德・特朗普　　D．乔・吉拉德

20．设想筛选的三个原则为原创性、（　　）与合理性。
A．唯一性　　B．有效性
C．客观性　　D．主观性

21．建立产品概念是新产品上市策划的（　　）阶段。
A．构思与创意　　B．上市准备
C．可行性分析　　D．产品实验

22．商业策划是新产品上市策划的（　　）阶段。

A．构思与创意　　B．上市准备
C．可行性分析　　D．产品实验

23．下列不属于从产品的角度定位策划的是（　　）。
A．竞争定位　　B．属性定位
C．利益定位　　D．使用者定位

24．下列不属于新产品上市的时机及营销策略的是（　　）。
A．不同上市时间把握不同原则　　B．控制上市规模
C．均衡资源分配　　D．获取市场反响

25．市场试销是新产品上市策划的（　　）阶段。
A．构思与创意　　B．上市准备
C．可行性分析　　D．产品实验

26．新产品在研制出来以后，优先于同类产品的竞争者上市被称为（　　）。
A．同期上市　　B．早期上市
C．晚期上市　　D．积极上市

27．新产品上市策划中不包括（　　）。
A．构思创意　　B．可行性分析
C．产品实验　　D．上市运营

28．农产品地理认证制度体现了（　　）。
A．地域法　　B．形象法
C．目标法　　D．功效法

29．设想筛选的原则不包括（　　）。
A．创新性　　B．有效性
C．合理性　　D．原创性

30．创意方案选择的标准不包括（　　）。
A．效果最佳　　B．操作最易
C．创意最新　　D．风险最小

二、判断题

1．产品定位是树立企业产品在消费者心目中的形象，使企业所提供的产品具有一定特色，与竞争者的产品有所区别。（　　）

2．企业首先要做的就是通过产品定位准确地锁定自己的目标消费群，并将这种稳定的特色不断加以巩固。（　　）

3．产品定位就是产品差别。（　　）

4．消费者的评价方法和评价标准是真正应该被企业重视的定位风向标。（　　）

5．产品定位赋予了产品竞争应具备的优势。（　　）

6．创新原则是产品定位策划的关键。（　　）

7．在消费者心目中居于主导地位的产品，才能成为本行业真正的霸主。（　　）

8．产品定位的补缺原则要求企业设法寻找空隙，挤占市场。（　　）

9．产品定位定的是在从事消费活动时所寻求的相似需求的群体。（　　）

10．产品命名要符合大众心理，能激发消费者的购买欲望。（　　）

11．产品命名要便于记忆是指产品名称要与产品的实体特征相适应。（　　）
12．激发联想是产品命名最重要的目的和要求。（　　）
13．引人注意是产品命名的一项潜在功能。（　　）
14．产品整体概念中的任何一点有了创新和改变，就可以称之为新产品。（　　）
15．滴滴打车的命名符合产品命名中名实相符的心理要求。（　　）
16．市场形势和市场需求是指挥我们创意的风向标。（　　）
17．聆听顾客内心的声音，保持和顾客的良好沟通是企业不断拥有新鲜创意的源泉。（　　）
18．掌握的原始资料越多，就越容易产生创意。（　　）
19．设想是否符合要求要依照两个原则进行选择，即：原创性和合理性。（　　）
20．决策者根据其偏好，在可选方案中挑选其最愿意执行作为最终方案。（　　）

三、名词解释

1．产品定位
2．竞争定位
3．避强定位
4．属性定位
5．利益定位
6．使用者定位
7．新产品开发策略
8．早期上市
9．同期上市
10．晚期上市

四、简答题

1．产品定位的作用是什么？

2．影响产品定位的因素有哪些？

3．产品定位的原则是什么？

4．简述从市场竞争角度定位策划的内容。

5．简述从产品角度定位策划的内容。

6．简述产品命名的原则。

7．简述产品命名的心理要求。

8．简述产品命名的方法。

9．简述创意产生的步骤。

10．简述创意应遵循的五个要点。

11．简述上市方案的筛选流程。

12．简述新产品上市策划的四个阶段及其内容。

13．简述新产品上市时机及营销策略。

14．简述上市规模与资源分配策略。

15．简述品牌策划的内容。

提升进阶

1．我国的去屑洗发水市场是一个高强度竞争的市场，清扬从起初提出“清扬，无懈可击，无须隐藏”到发布“头屑抵御新法则”，不仅去除头皮表层头屑，更焕活头皮天然保护层，持久有效去除头屑困扰，带领消费者进入全新的头皮去屑领域。清扬已成为专业去屑的代名词、头皮护理的佼佼者。

问题：

根据产品定位的相关知识，写出该企业在产品定位中遵循的原则。

2．某公司新开发了一款叫“瘦尔康”的减肥产品，该产品主要由纯天然中草药研制而成，与市面同类型产品相比，更加绿色健康，并获得同类产品首张由权威机构出具的无副作用检测证明。

问题：

（1）根据产品命名和新产品上市的相关知识，写出产品使用的命名方法。

（2）该产品应采用何种上市时机和营销策略。

项目四

价格策划方略——货真价实

要点图解

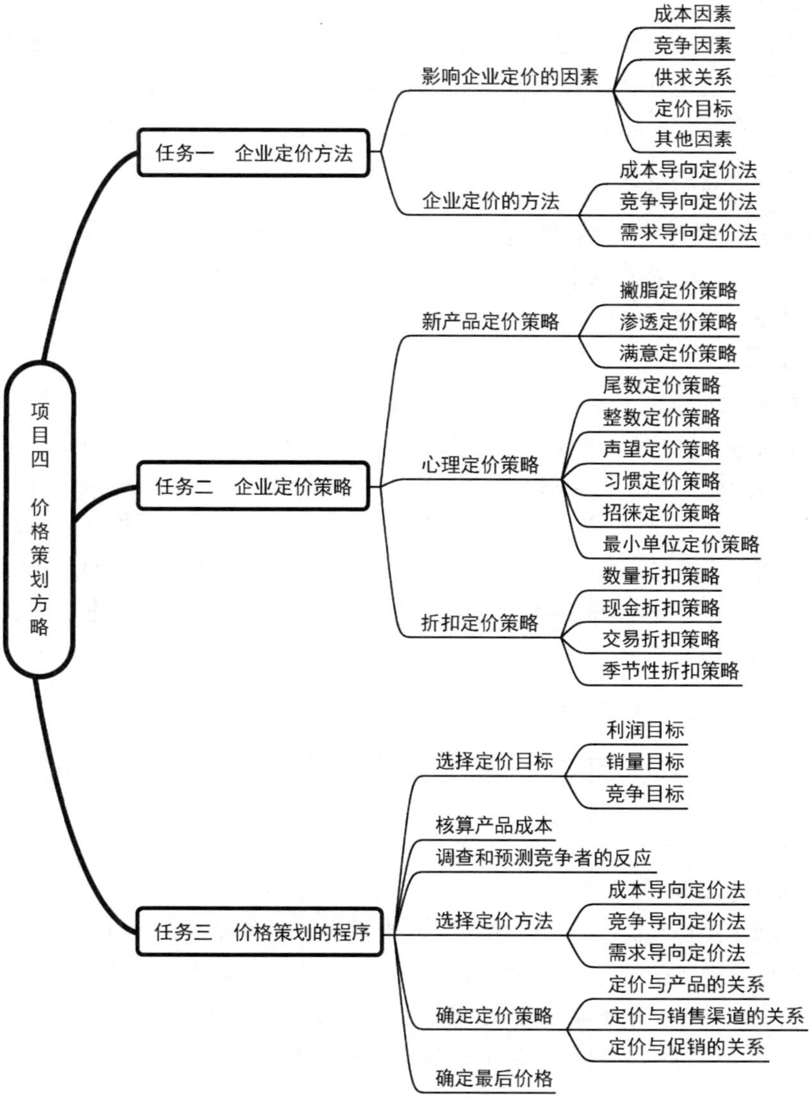

复习要求

1. 了解影响定价的因素。
2. 掌握企业定价的方法。
3. 熟练掌握企业定价的策略。
4. 掌握价格策划的程序。

例题解析

知识点一　影响企业定价的因素

【例题】企业的定价目标不包括（　　）。

A．利润目标　　B．销量目标

C．成本目标　　D．竞争目标

【解析】定价目标是指企业对其生产或经营的产品制定价格时，有意识地要求达到的目的和标准，企业的定价目标取决于企业的总体目标，具体来说主要有：利润目标、销量目标和竞争目标。故选 C。此类题主要考查考生对影响企业定价因素的掌握。

知识点二　企业定价的方法

【例题】某企业全年生产毛绒玩具 100 万件，产品的单位变动成本是 9 元，总固定成本是 600 万元，该企业要求的成本利润率是 20%，则该玩具的价格是（　　）。

A．18 元　　B．20 元

C．22 元　　D．25 元

【解析】成本加成定价法的操作过程是：首先确定单位产品总成本（包括变动成本和平均分摊的固定成本），然后在单位产品总成本的基础上加上一定比例的利润，从而形成产品的单位销售价格。该方法的计算公式是：单位产品价格=单位产品总成本×（1+成本加成率）=（单位产品固定成本+单位产品变动成本）×（1+成本加成率）。本题中已知玩具的单位变动成本为 9 元，成本利润率是 20%，可以通过 600÷100=6 元得出单位产品固定成本，玩具的价格=（6+9）×（1+20%）=18（元）。故选 A。此类题主要考查考生对企业定价的方法的掌握。

知识点三　新产品定价策略

【例题】（　　）通常适用于产品需求价格弹性较大的市场，低价可以使销售量迅速增加。

A．撇脂定价策略　　B．渗透定价策略

C．满意定价策略　　D．招徕定价策略

【解析】常见的新产品定价策略有撇脂定价策略（高价销售策略）、渗透定价策略（薄利多销策略）和满意定价策略（平价销售策略）。渗透定价策略是指企业在产品上市初期，利用消费者求廉的心理，有意将价格定得很低，使新产品以物美价廉的形象吸引顾客，占领市场，以谋取远期的稳定利润。该策略通常适于产品需求价格弹性较大的市场，低价可以使销售量迅速增加。故选 B。此类题主要考查考生对新产品定价策略的掌握。

知识点四　心理定价策略

【例题】为适应消费者“求廉”的心理，将产品价格定得低于一般市场价以扩大销售的定价策略是（　　）。

A．尾数定价策略　　B．整数定价策略

C．习惯定价策略　　D．招徕定价策略

【解析】心理定价策略的具体形式包括：尾数定价策略、整数定价策略、声望定价策略、习惯定价策略、招徕定价策略和最小单位定价策略。招徕定价策略是指适应消费者“求廉”的心理，将产品价格定得低于一般市场价，个别的甚至低于成本价，以吸引消费者、扩大销售的一种定价策略。本题为心理定价策略中招徕定价策略的概念。故选 D。此类题主要考查考生对心理定价策略的掌握。

知识点五　折扣定价策略

【例题】现金折扣策略，又称付款期限折扣策略，是在信用购货的特定条件下发展起来的一种优惠策略，即对按约定（　　）付款的顾客给予不同的折扣优待。

A．金额　　B．数量

C．日期　　D．批次

【解析】现金折扣策略，又称付款期限折扣策略，即对按约定日期付款的顾客给予不同的折扣优待，实质上是一种变相降价赊销、鼓励提早付款的办法。本题考查的是现金折扣策略的基本概念。故选 C。此类题主要考查考生对折扣定价策略的掌握。

知识点六　选择定价目标

【例题】企业选择的价格目标不包括（　　）。

A．适度利润目标　　B．最大销量目标

C．拓展渠道目标　　D．避免竞争目标

【解析】企业选择的价格目标通常有利润目标、销量目标和竞争目标。利润目标包括当期利润最大化目标和适度利润目标等；销量目标包括最大销量目标、保持或扩大市场占有率目标等；竞争目标包括应对和避免竞争目标、维持企业生存目标等。本题中的拓展渠道不属于企业选择的价格目标。故选 C。此类题主要考查考生对价格策划程序中选择定价目标的掌握。

知识点七　核算产品成本

【例题】在策划产品成本的核算时，应重点掌握的内容不包括（　　）。

A．竞争对手心理的影响　　B．国家政策对价格的规定

C．货币流通规律的影响　　D．产品的需求价格弹性

【解析】产品成本核算这一阶段的策划应重点掌握产品本身价值量的大小和产品的供求关系，尤其是产品的需求价格弹性、国家政策对价格的规定、货币的价值、货币流通规律的影响、消费者心理对定价的影响等。本题中应为消费者心理对定价的影响。故选 A。此类题主要考查考生对价格策划程序中核算产品成本的掌握。

知识点八　调查和预测竞争者的反应

【例题】判断正误：产品的营销价格是市场上最为敏感的竞争因素之一。（　　）

【解析】在商品经济条件下，竞争是无处不在的，尤其是产品的营销价格是市场上最为敏感的竞争因素之一。因此，企业在策划价格时，应尽可能多地掌握竞争者的可能反应和定价情况，并预测其对本企业定价的影响，以调整和制定有利的价格策略和其他营销策略。故此题判断为正确。此类题主要考查考生对价格策划程序中调查和预测竞争者的反应的掌握。

知识点九　选择定价方法

【例题】不属于企业定价方法的是（　　）。

A．成本导向定价法　　B．竞争导向定价法
C．习惯导向定价法　　D．需求导向定价法

【解析】企业定价方法一般有三大类，即成本导向定价法、竞争导向定价法和需求导向定价法。本题中习惯导向定价法不属于企业定价方法，企业定价策略中有习惯定价策略。故选 C。此类题主要考查考生对价格策划程序中选择定价方法的掌握。

知识点十　确定定价策略

【例题】下列不属于确定定价策略考虑因素的是（　　）。

A．产品质量　　B．销售渠道
C．促销费用　　D．市场监督

【解析】产品的质量、性能是制定价格的重要依据，质量好的产品价格会高于一般产品的价格。企业产品的直接销售对象和定价也有一定的关系，产品大量批发给中间商会比销售给消费者低一些。产品花费的促销费用高，价格也会定得高一些。本题中市场监督不属于确定定价策略的因素。故选 D。此类题主要考查考生对价格策划程序中确定价格策略的掌握。

知识点十一　确定最后价格

【例题】判断正误：根据定价目标选择某种定价方法所制定的价格即为该产品的最终价格。（　　）

【解析】根据定价目标选择某种定价方法所制定的价格常常并不是该产品的最终价格，而只是该产品的基本价格。为了提高产品的竞争力及对客户的吸引力，还应考虑一些其他的因素，对基本价格进行适当调整。故此题判断为错误。此类题主要考查考生对价格策划程序中确定最后价格的掌握。

基础训练

一、单选题

1．价格是商品价值的货币表现。企业定价就是企业根据产品成本、（　　）及市场竞争状况等影响因素，为其产品制定适宜的价格。

A．利润分配　　B．市场需求

C．顾客购买力　　D．竞争对手情况

2．除成本、供求及竞争状况外，影响企业定价的其他因素不包括（　　）。

A．行业组织干预　　B．企业形象因素

C．消费者习惯　　D．企业生产规模

3．某企业全年生产零部件 20 万件，产品的单位变动成本是 10 元，总固定成本是 100 万元，该企业要求的成本利润率是 20%，则该产品的价格是（　　）。

A．16 元　　B．18 元

C．20 元　　D．22 元

4．产品成本是由产品在生产过程中和流通过程中耗费的物资材料和付出的劳动报酬所组成的，其一般由固定成本和（　　）两部分组成。

A．移动成本　　B．变动成本

C．随机成本　　D．浮动成本

5．竞争导向定价法不包括（　　）。

A．通行价格定价法　　B．竞争价格定价法

C．边际贡献定价法　　D．投标定价法

6．竞争导向定价法中的（　　）主要应用于产品差异性小的产品。

A．通行价格定价法　　B．竞争价格定价法

C．边际贡献定价法　　D．投标定价法

7．竞争导向定价法中的（　　）一般为实力雄厚或产品独具特色的企业所使用。

A．通行价格定价法　　B．竞争价格定价法

C．边际贡献定价法　　D．投标定价法

8．下列属于高价定价策略的是（　　）。

A．渗透定价策略　　B．满意定价策略

C．撇脂定价策略　　D．尾数定价策略

9．基本生活用品比较适用的心理定价策略是（　　）。

A．整数定价策略　　B．尾数定价策略

C．习惯定价策略　　D．最小单位定价策略

10．折扣定价策略主要有数量折扣策略、（　　）、交易折扣策略和季节性折扣策略。

A．满减折扣策略　　B．现金折扣策略

C．满赠折扣策略　　D．促销折扣策略

11．珠宝、古董比较适用的心理定价策略是（　　）。

A．整数定价策略　　B．尾数定价策略

C．习惯定价策略　　D．声望定价策略

12．下列属于心理定价策略的是（　　）。

A．数量定价策略　　B．季节性定价策略

C．满意定价策略　　D．整数定价策略

13．价格较高的耐用品或礼品一般使用的定价策略是（　　）。

A．整数定价策略　　B．习惯定价策略

C．尾数定价策略　　D．声望定价策略

14.（　　）又称随行就市定价法。

A．成本加成定价法　　B．通行价格定价法

C．理解价格定价法　　D．边际贡献定价法

15．新产品定价策略不包括（　　）。

A．撇脂定价策略　　B．渗透定价策略

C．招徕定价策略　　D．满意定价策略

16．低价策略是（　　）。

A．撇脂定价策略　　B．声望定价策略

C．尾数定价策略　　D．整数定价策略

17．“单位产品价格=单位产品总成本×（1+成本加成率）”是（　　）的计算公式。

A．边际贡献　　B．成本加成

C．通行价格　　D．竞争价格

18.（　　）适用于产品差异小的产品。

A．边际贡献　　B．成本加成

C．通行价格　　D．竞争价格

19．声望定价策略适用于（　　）。

A．牙膏　　B．珠宝

C．面包　　D．鸡蛋

20.（　　）适合市场需求量大且需求价格弹性小的产品。

A．渗透定价策略　　B．满意定价策略

C．撇脂定价策略　　D．尾数定价策略

二、判断题

1．竞争关系是营销价格的最低界限。（　　）

2．公交车对学生和老人收费较正常票价低是顾客差异定价形式。（　　）

3．当商品供小于求时，企业产品营销价格可能会高一些。（　　）

4．需求价格弹性较大的商品，其营销价格相对较低。（　　）

5．成本加成定价法的关键是成本加成率的确定。（　　）

6．竞争导向定价法是我国现阶段最基本、最普遍的定价方法。（　　）

7．通行价格定价法在商品零售业应用较为广泛。（　　）

8．成本加成定价法在消费服务业中最流行。（　　）

9．边际贡献定价法又称变动成本定价法。（　　）

10．只有当边际贡献小于零时，价格才是生产企业可以接受的。（　　）

11．竞争价格定价法又称随行就市定价法。（　　）

12．购买日用消费品时，消费者乐于接受尾数价格。（　　）

13．撇脂定价策略又称薄利多销策略。（　　）

14．撇脂定价策略适合于市场需求量小且需求价格弹性小的产品。（　　）

15．包装越小，实际的单位数量商品的价格越高。（　　）

16．现金折扣策略又称付款期限折扣策略。（　　）

17．竞争是影响企业产品定价的重要因素之一。（　　）

18．将产品的价格定为0.99元、9.98元，属于商品的整数定价策略。（　　）

19．企业的定价目标主要有利润目标、销量目标和竞争目标。（ ）

20．名牌时装定价时，通常采用整数定价策略。（ ）

三、名词解释

1．企业定价

2．定价方法

3．边际贡献

4．竞争导向定价法

5．需求导向定价法

6．理解价值定价法

7．需求差异定价法

8．撇脂定价

9．渗透定价

10．心理定价策略

11．声望定价策略

12．招徕定价策略

13．最小单位定价策略

14．数量折扣策略

15．现金折扣策略

16．交易折扣策略

17．季节性折扣策略

18．累计数量折扣

19．非累计数量折扣

四、简答题

1．简述影响企业定价的因素。

2．简述企业定价方法的三大类型。

3．简述成本导向定价法的形式。

4．简述竞争导向定价法的形式。

5．简述需求导向定价法的形式。

6．简述需求差异定价法的常见形式。

7．简述新产品定价策略的常见形式。

8．简述心理定价策略的含义及其在应用中的常见形式。

9．简述折扣定价策略的含义及其在应用中的主要形式。

10．简述一套完整的价格策划程序的组成部分。

提升进阶

1．一般普通的 500 毫升矿泉水在超市的售价约为 2 元，而在一些景区的山顶商店，顾客则不得不花费数倍的价格才能买到；某明星在体育场举办演唱会，不同区位、前排后排的票价差别也很大。

问题：

（1）结合企业定价方法的相关知识，写出企业定价的一般方法。

（2）上述案例体现了何种定价方法。

2．案例 1：某批发购物网络平台上，一商家卖某款服装，客户拿货 1～49 件时，每件 100 元；拿货 50～100 件时，每件 85 元；拿货 100 件以上时，每件 70 元。

案例 2：某公司告知客户：付款期限为一个月时，立即付现折扣 5%；10 天内付现折扣 3%；20 天内付现折扣 2%；最后 10 天内付款无折扣。

问题：

（1）结合折扣定价策略的相关知识，回答折扣定价策略的种类有哪些？

（2）案例所述情况是哪种折扣定价策略？

项目五

渠道策划方略——四通八达

要点图解

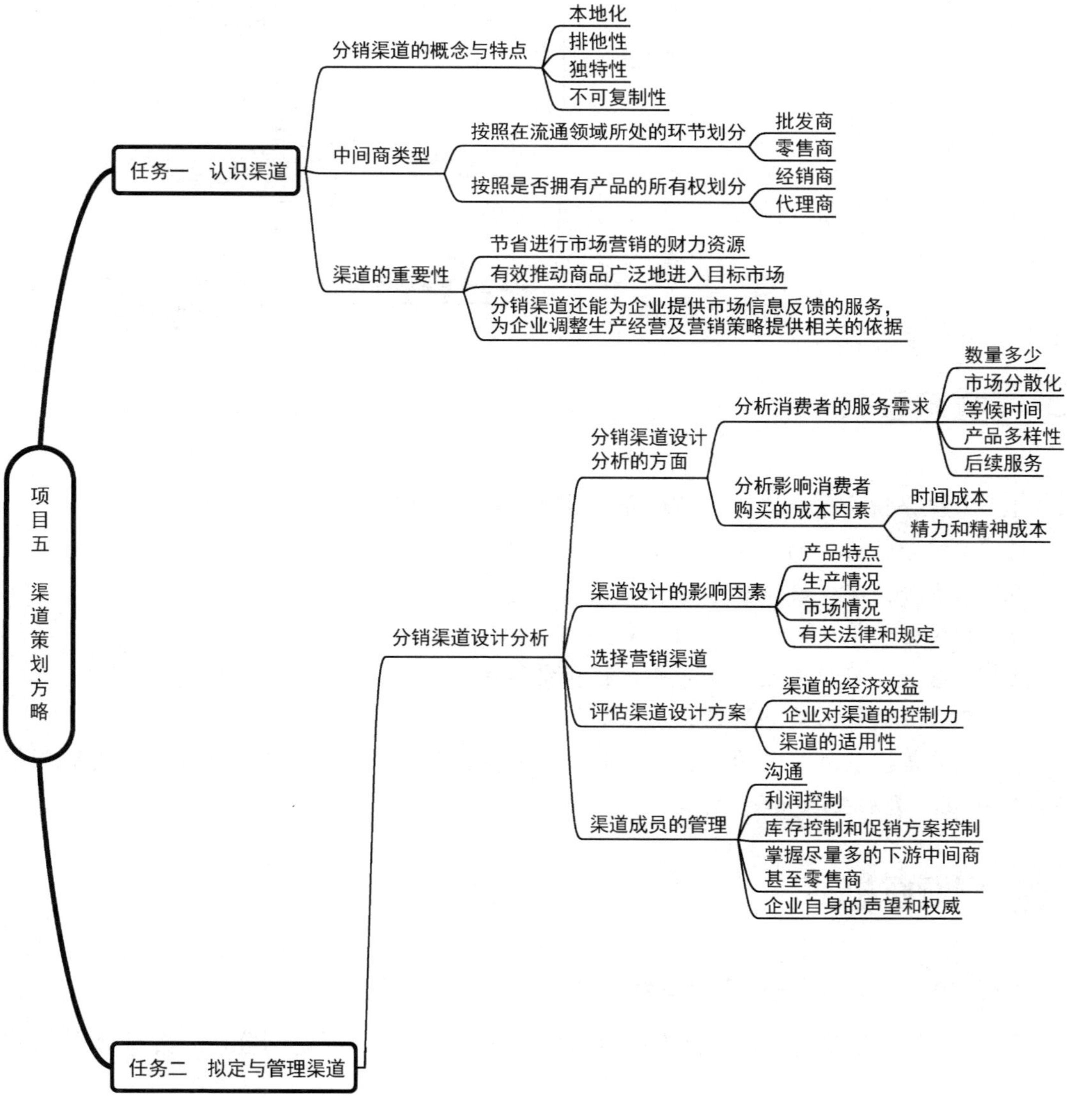

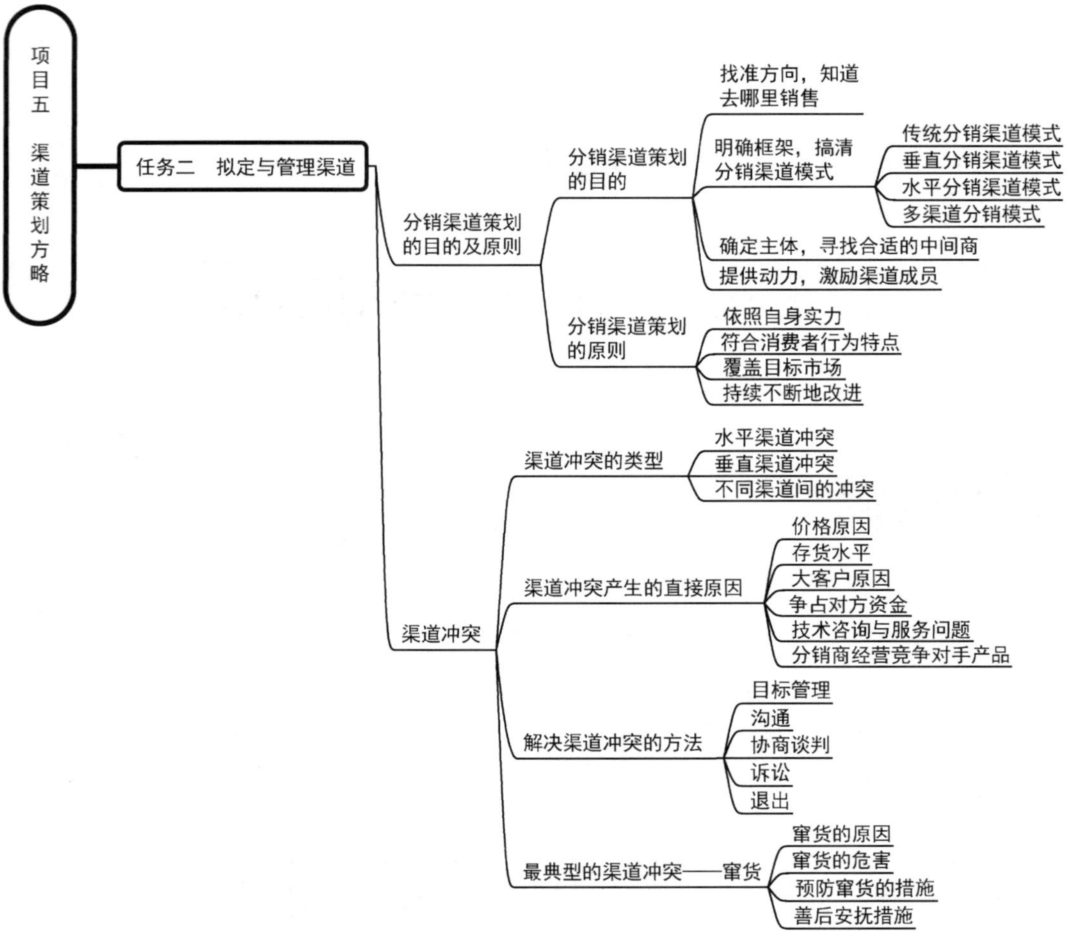

复习要求

1. 了解分销渠道的概念，了解分销渠道的特点，掌握不同渠道的特点。
2. 了解分销渠道的重要性，掌握中间商的类型。
3. 掌握分销渠道设计应分析和考虑的问题。
4. 掌握分销渠道设计的影响因素。
5. 掌握渠道建设策划中铺货的流程和实施注意事项。
6. 掌握分销渠道策划的目的及原则。

6. 熟练掌握渠道冲突的类型、产生的原因和解决办法，掌握窜货的原因、危害、预防窜货的措施和善后安抚措施。

例题解析

知识点一　分销渠道的概念与特点

【例题 1】娃哈哈的“联销体”渠道结构、格力的“区域股份制公司”渠道模式、联想的“联想 1+1”连锁经营模式等，都是以显著独特的渠道结构模式，形成了企业的竞争力。这体现的是分销渠道的（　　）。

A．本地化　　B．排他性

C．独特性　　D．不可复制性

【解析】渠道的独特性是指每一个企业的渠道网络都和其他企业的渠道不同，每一个地区的渠道结构都和其他地区的渠道结构不同，每一种渠道模式都有其不同的特征。娃哈哈、格力、联想都各自有各自不同的渠道模式，符合独特性。故选 C。此类题主要考查考生对不同分销渠道特点的掌握。

【例题 2】分销渠道的（　　）指的是由于每一个地区消费者的购物习惯不同，每一个企业在每一个地区的分销渠道都具有本地的特征，都打上了当地人消费文化的烙印。

A．本地化　　B．排他性

C．独特性　　D．不可复制性

【解析】每一个地区消费者的购物习惯不同，每一个企业在每一个地区的分销渠道都具有本地的特征，都打上了当地人消费文化的烙印，指的是本地化。渠道的排他性指的是有些渠道中，如果某一类产品被某一个企业或者品牌抢先占领，那么其他企业或者品牌就很难进入，就可能被排斥到渠道之外。渠道的独特性是指每一个企业的渠道网络都和其他企业的渠道不同，每一个地区的渠道结构都和其他地区的渠道结构不同，每一种渠道模式都有其不同的特征。渠道的不可复制性又叫不可替代性，这是由渠道的本地化和独特性决定的。故选 A。此类题主要考查考生对不同分销渠道特点的掌握。

知识点二　中间商类型

【例题 1】代理商是指从事商品交易业务，在商品买卖过程中拥有商品所有权的中间商。（　　）

【解析】按照是否拥有商品的所有权划分，中间商可以分为经销商和代理商，其中经销商拥有商品所有权，代理商没有商品所有权。故此题判断为错误。此类题主要考查考生对各类中间商的认识和理解。

【例题 2】（　　）是指主要从事批发业务，为最终消费者以外的消费者服务的商业机构或个人。

A．批发商　　B．零售商

C．经销商　　D．代理商

【解析】批发商是指主要从事批发业务，为最终消费者以外的购买者服务的商业机构或个人。零售商是指直接面向最终消费者销售产品或提供相关服务的企业或个人。经销商是指从事商品交易业务，在商品买卖过程中拥有商品所有权的中间商。代理商是指接受生产者委托，从事商品交易业务，但不拥有商品所有权的中间商。故选 A。此类题主要考查考生对各类中间商的认识和理解。

知识点三　渠道的重要性

【例题 1】判断正误：渠道的重要性包括节省进行市场营销的财力资源。（　　）

【解析】渠道的重要性包括节省进行市场营销的财力资源；有效推动商品广泛地进入目标市场；为企业提供市场信息反馈的服务，为企业调整生产经营及营销策略提供相关的依据。故此题判断为正确。此类题主要考查考生对渠道的重要性的认识和理解。

【例题 2】畅通合理的渠道能够让产品在消费者产生购买冲动的那一刹那第一时间接触到商品并实现购买行为，这体现了渠道哪方面的重要性？（　　）。

A．节省进行市场营销的财力资源

B．有效推动商品广泛地进入目标市场

C．为企业提供市场信息反馈的服务，为企业调整生产经营及营销策略提供相关的依据

D．降低购买商品的成本

【解析】畅通合理的渠道能够让产品在消费者产生购买冲动的那一刹那第一时间接触到商品并实现购买行为，这能帮助企业顺利地打开市场，并在竞争中占据有利的地位，这体现了渠道能有效推动商品广泛地进入目标市场。故选 B。此类题主要考查考生对渠道的重要性的认识和理解。

知识点四　分销渠道设计分析的方面

【例题 1】越快速的送货意味着渠道服务越好，比如电商里最快的京东商城，这体现了渠道服务的（　　）。

A．数量多少　　B．市场分散化

C．等候时间　　D．产品多样性

【解析】京东商城的物流速度快在电商里是非常出名的，这说明顾客从下单到拿到商品的时间是很短的，即等候时间是很短的。故选 C。此类题主要考查考生对渠道服务的认识和理解。

【例题 2】在经营网点的广泛度和密集度等方面需做出周密的安排，尽可能减少顾客为购买商品或服务所花费的时间支出，从而降低顾客的购买成本，这指的是（　　）

A．货币成本　　B．时间成本

C．精力和精神成本　　D．其他成本

【解析】时间成本是指顾客为想得到所期望的商品或服务而必须处于等待状态的时期和代价。在使用价值和其他成本一定的情况下，时间成本越低，顾客购买的总成本越小。这里讲的是减少时间支出。故选 B。此类题主要考查考生对影响顾客购买的成本因素的认识和理解。

知识点五　渠道设计的影响因素

【例题 1】（　　）的产品适合采用间接销售渠道。

A．鲜活易腐　　B．技术性强

C．介绍期　　D．成熟期

【解析】鲜活易腐产品应尽量减少中间环节，采取最短的渠道，尽可能不经过批发环节，由生产者自销或直达零售商店。技术性强的产品，宜让生产者和消费者（或用户）直接见面，尽量减少中间环节。介绍期的新产品，往往需要生产者自己派人奔走各地，开拓市场，打开销路。处于成熟期的产品，需要通过中间环节。故鲜活易腐、技术性强、介绍期的产品适合直接渠道，成熟期的产品适合间接渠道。故选 D。此类题主要考查考生对各类产品适合渠道的理解。

【例题 2】判断正误：大城市、大百货商场、超级市场等可直接从生产企业进货。（ ）

【解析】大城市、大百货商场、超级市场等购买力高，可直接从生产企业进货，采取最短的渠道，反之，购买力低的地区，中小零售商则必须通过批发环节。故此题判断为正确。此类题主要考查考生对渠道设计的影响因素的理解。

知识点六 渠道成员的管理

【例题】以下不是大制造商定期拜访中间商的成功经验的是（ ）

A．加深了私人感情

B．使中间商对制造商的政策更为理解，减少对一些问题的分歧，并通过中间商了解市场信息

C．对中间商进行业务指导

D．减少中间商进入其他制造商销售渠道的壁垒

【解析】对渠道成员管理的手段之一是沟通。沟通是指制造商的业务代表或其他成员要经常拜访中间商，特别是直接供货的中间商。很多大制造商的成功经验就是定期拜访中间商。其作用有四个，A、B、C 的表述是其中三个，第四个作用为增加中间商进入其他制造商销售渠道的壁垒。故选 D。此类题主要考查考生对渠道成员的管理的理解。

知识点七 评估渠道设计方案

【例题】评估渠道设计方案不考虑渠道的经济效益。（ ）

A．促销手段的配合

B．调整渠道

C．厂家销售人员与一级中间商一道按计划路线铺货，拜访目标区域选定的下线中间商，介绍企业情况，说服他们订货

D．及时准确填写好铺货一览表

【解析】企业在设计营销渠道时，要对可选择的渠道方案进行评估，根据评估的结果选出最有利于实现企业长远目标的渠道方案，评估主要从以下三个方面进行：渠道的经济效益；企业对渠道的控制力；渠道的适用性。故此题判断为错误。此类题主要考察考生对评估渠道设计方案的理解。

知识点八 分销渠道策划的目的及原则

【例题 1】判断正误：小型企业应选择传统分销渠道模式。（ ）

【解析】小型企业资金实力有限，产品种类多而杂，处于未定型状态，因而不适合采取固定的渠道模式，应该选择灵活性的传统分销渠道模式。故此题判断为正确。此类题主要考查考生对不同企业所适用的分销渠道模式的理解。

【例题 2】按照渠道成员之间的关系来划分，以下不属于企业的分销渠道类型的是（ ）

A．传统分销渠道模式　　B．现代分销渠道模式

C．垂直分销渠道模式　　D．水平分销渠道模式

【解析】分销渠道模式，就是企业以何种形式进行分销活动。按照渠道成员之间的关系来划分，企业的分销渠道类型主要有传统分销渠道模式、垂直分销渠道模式、水平分销渠道模式和多渠道分销模式。传统分销渠道模式，又称为松散型的渠道模式，各渠道成员之

间的关系是临时的、偶然的、不稳定的。垂直分销渠道模式，是由生产企业、批发商和零售商组成统一的渠道系统。水平分销渠道模式是指由两家或两家以上的成员联合起来组成渠道系统。多渠道分销模式是指对同一或不同的分市场采用多条渠道营销系统。所以没有现代分销渠道模式这种类型。故选 B。此类题主要考查考生对不同分销渠道模式的理解。

【例题 3】判断正误：渠道成员与企业不从属于同一主体，他们之间也不是领导与被领导的关系，而是松散的买卖型关系，维系这一关系的唯一纽带是销售量。（　　）

【解析】渠道激励是整个渠道得以顺畅运行和提高运行效果的动力。渠道成员与企业不从属于同一主体，他们之间也不是领导与被领导的关系，而是松散的买卖型关系，维系这一关系的唯一纽带是利益。生产者要想使整个分销渠道高效运转，就必须不断增强维系双方关系的利益纽带，针对不同的渠道成员，提供不同的激励。故此题判断为错误。此类题主要考查考生对渠道成员与企业的关系的理解。

【例题 4】以下不属于企业实现渠道激励的手段的是（　　）

A．减少其他渠道成员

B．给予物质或金钱奖励来肯定其成绩

C．帮助渠道成员提高服务水平

D．帮助渠道成员提高销售效率

【解析】营销渠道管理中，有效激励渠道成员的前提是了解渠道中间商的各种需求。明确渠道成员的需求之后，企业就应针对不同需求，制定差异化的激励政策。企业实现渠道激励的手段有多种，可以通过给予物质或金钱奖励来肯定其成绩，也可以通过帮助渠道成员提高服务水平、销售效率来扩大其利益，从而激发他们的积极性。具体采用什么手段，还要看企业的渠道政策。所以减少其他渠道成员不属于企业实现渠道激励的手段。故选 A。此类题主要考查考生对渠道激励的手段的理解。

知识点九　渠道冲突

【例题 1】某些批发商可能会抱怨生产企业在价格方面控制太紧，留给自己的利润空间太小，而提供的服务（如广告、推销等）太少，这属于（　　）。

A．水平渠道冲突　　B．垂直渠道冲突

C．不同渠道间的冲突　　D．渠道成员间的冲突

【解析】水平渠道冲突是指在同一渠道模式中，同一层次中间商之间的冲突。垂直渠道冲突是指在同一渠道中不同层次企业之间的冲突。不同渠道间的冲突是指生产企业建立多渠道营销系统后，不同渠道服务于同一目标市场时所产生的冲突。批发商和生产企业属于同一渠道中不同层次的企业，因此他们之间的冲突属于垂直渠道冲突。故选 B。此类题主要考查考生对不同渠道冲突类型的理解。

【例题 2】越来越多的分销商从自身利益出发，采取直销和分销相结合的方式销售商品，这就不可避免要同下游经销商争夺客户，大大挫伤了下游渠道的积极性。这种冲突属于（　　）。

A．水平渠道冲突　　B．垂直渠道冲突

C．不同渠道间的冲突　　D．渠道成员间的冲突

【解析】水平渠道冲突、垂直渠道冲突、不 同渠道间的冲突的概念见上题解析。垂直渠道冲突也称为渠道上下游冲突，分销商与下游经销商争夺客户，这属于渠道上下游冲突。

故选 B。此类题主要考查考生对不同渠道冲突类型的理解。

【例题 3】制造商与分销商之间存在着持续不断的矛盾的来源是制造商与最终用户建立直接购销关系，这些直接用户通常是大用户，是厂家宁愿直接交易而把余下的市场领域交给渠道中间商的客户，这种渠道冲突的原因属于（　　）。

A．技术咨询与服务问题　　B．存货水平

C．大客户原因　　D．价格原因

【解析】大客户指的是其购买量大或有特殊的服务要求。由于工业品市场需求的 80/20 法则非常明显，分销商担心其大客户直接向制造商购买而威胁其生存，所以大客户原因也是导致渠道冲突的直接原因之一。故选 C。此类题主要考查考生对渠道冲突产生的直接原因的理解。

【例题 4】判断正误：谈判是渠道成员讨价还价的一个方法。（　　）

【解析】谈判的目标在于停止成员间的冲突。妥协也许会避免冲突爆发，但不能解决导致冲突的根本原因。只要压力继续存在，终究会导致冲突产生。在谈判过程中，每个成员会放弃一些东西，从而避免冲突发生，所以谈判是渠道成员讨价还价的一个方法。故此题判断为正确。此类题主要考查考生对解决渠道冲突的方法的理解。

【例题 5】当水平性或垂直性冲突处在不可调和的情况下时，（　　）是一种可取的办法。

A．沟通　　B．协商谈判

C．诉讼　　D．退出

【解析】解决渠道冲突的方法有五种，分别是目标管理、沟通、协商谈判、诉讼、退出。目标管理是通过树立超级目标来团结渠道各成员从而解决渠道冲突。超级目标是指渠道成员共同努力，以达到单个成员所不能实现的目标。沟通是通过劝说来解决冲突。协商谈判的目标在于停止成员间的冲突。当渠道中的领导力不起作用时，可通过诉讼来解决渠道冲突。解决冲突的最后一种方法就是推出该营销渠道，当水平性或垂直性冲突处在不可调和的情况下时，退出是一种可取的办法。从现有渠道中退出可能意味着中断与某个或某些渠道成员的合同关系。故选 D。此类题主要考查考生对解决渠道冲突的方法的理解。

【例题 6】企业可选择很多模式对窜货行为的惩罚进行量化，以下不属于惩罚窜货行为的量化模式的是（　　）。

A．警告　　B．提供广告支持

C．罚款　　D．取消经销权

【解析】对窜货行为的惩罚进行量化，企业可选择下列模式：警告、扣除保证金、取消相应业务优惠政策、罚款、货源减量、停止供货、取消当年返利、取消经销权，同时奖励举报窜货的经销商，调动大家防窜货的积极性，不包括提供广告支持。故选 B。此类题主要考查考生对预防窜货的措施的认识和理解。

【例题 7】企业可以把防窜货纳入企业财务部门日常工作中，属于预防窜货的监督管理体系的（　　）。

A．把监督窜货作为企业制度固定下来，并成立专门机构，由专门人员明察暗访经销商是否窜货

B．企业各部门配合防止窜货的发生

C．利用社会资源进行防窜货

D．经销商互相监督

【解析】预防窜货的监督管理体系有三种，分别是：把监督窜货作为企业制度固定下来，并成立专门机构，由专门人员明察暗访经销商是否窜货；企业各部门配合防止窜货的发生；利用社会资源进行防窜货。企业可以把防窜货纳入企业财务部门日常工作中，财务部门与渠道拓展人员联系特别紧密，多是现款现货，每笔业务必须经过财务人员的手才能成交。因此财务人员对于每个区域销售何种产品是非常清楚的。所以只要企业制定一个有效的防窜货流程，将预防窜货工作纳入财务工作的日常基本工作中，应会减少窜货现象的发生。比如，利用售后服务记录防止窜货。售后记录记载产品编号和经销商，反馈到企业后，企业可以把产品编号和经销商进行对照，如果不对应就判断为窜货。财务部门属于企业部门，属于企业各部门配合防止窜货的发生。故选 B。此类题主要考查考生对预防窜货的措施的认识和理解。

【例题 8】与当地工商部门联系，合作印制防伪压敏胶黏剂贴，属于预防窜货的哪种社会资源（　　）。

A．利用政府“地方保护行为”

B．组成经销商俱乐部

C．采取抽奖、举报奖励等措施

D．把防伪、防窜货结合起来

【解析】预防窜货的措施包括建立监督管理体系，这种监督管理体系中有一种是利用社会资源进行防窜货，共有四种方式，分别是：（1）利用政府“地方保护行为”，与当地工商部门联系，合作印制防伪压敏胶黏剂贴；（2）组成经销商俱乐部，不定期举办沙龙，借此增进经销商之间的感情；（3）采取抽奖、举报奖励等措施；（4）把防伪、防窜货结合起来，利用消费者和专业防窜货公司协助企业防窜货。故选 A。此类题主要考查考生对预防窜货的措施的认识和理解。

基础训练

一、单选题

1．上海人购物喜欢去超市，广州人购物喜欢去自由市场，这体现了分销渠道的（　　）特点。

A．本地化　　B．排他性

C．独特性　　D．不可复制性

2．学校的食堂如果大米用了“中粮”，食用油用了“福临门”，则其他品牌就很难打入，这体现了分销渠道的（　　）特点。

A．本地化　　B．排他性

C．独特性　　D．不可复制性

3．消费者要更多的附加服务（如送货、信誉卡、修理、安装），还是想从别处获得这些服务。这体现的是分销渠道设计分析的（　　）方面。

A．数量多少　　B．市场分散化

C．等候时间　　D．后续服务

4．评估渠道设计方案时应考虑的方面不包括以下（　　）。

A．渠道的经济效益　　B．企业对渠道的控制力

C．渠道的成本　　D．渠道的适用性

5．（　　）是指对同一或不同的分市场采用多条渠道营销系统。

A．传统分销渠道模式　　B．垂直分销渠道模式

C．多渠道分销模式　　D．水平分销渠道模式

6．实力不强的企业必须依赖中间商进行销售，最好选择间接分销渠道，这体现的是分销渠道策划的（　　）原则。

A．依照自身实力　　B．符合消费者行为特点

C．覆盖目标市场　　D．持续不断地改进

7．李维斯牌牛仔裤原来通过特约经销店销售，当它决定将西尔斯百货公司和彭尼公司也纳为自己的经销伙伴时，特约经销店表示了强烈的不满。这属于（　　）。

A．水平渠道冲突　　B．垂直渠道冲突

C．不同渠道间的冲突　　D．渠道成员间的冲突

8．制造商希望分销商先付款，自己再发货，而分销商则希望制造商先发货，自己后付款，这属于渠道冲突产生的（　　）原因。

A．价格原因　　B．存货水平

C．大客户原因　　D．争占对方资金

9．解决渠道冲突的最后一种方法是（　　）。

A．沟通　　B．协商谈判

C．诉讼　　D．退出

10．“生产者—批发商—零售商—消费者”这种渠道称为（　　）。

A．零层渠道　　B．一层渠道

C．二层渠道　　D．三层渠道

11．最典型的渠道冲突是（　　）。

A．水平渠道冲突　　B．垂直渠道冲突

C．冲货　　D．不同渠道间的冲突

12．以下哪项不是窜货的原因（　　）。

A．多拿回扣，抢占市场

B．供货商给予中间商的优惠政策相同

C．运输成本不同，自己提货，成本较低，有窜货空间

D．市场报复，目的是恶意破坏对方市场

13．（　　）是指顾客为想得到所期望的商品或服务而必须处于等待状态的时期和代价。

A．时间成本　　B．精力和精神成本

C．货币成本　　D．其他成本

14．通过（　　）的购买，生产者可以迅速、大量售出产品，减少库存，加速资本周转。

A．批发商　　B．零售商

C．经销商　　D．代理商

15．某一地区经营 A 家企业产品的中间商，可能认为同一地区经营 A 家企业产品的另一家中间商在定价、促销和售后服务等方面过于激进，抢了他们的生意。这种冲突属于（　　）。

A．水平渠道冲突　　B．垂直渠道冲突
C．不同渠道间的冲突　　D．渠道成员间的冲突

16．（　　）又称为渠道上下游冲突。

A．水平渠道冲突　　B．垂直渠道冲突
C．不同渠道间的冲突　　D．渠道成员间的冲突

17．当企业面临对手竞争时，（　　）是团结渠道各成员的根本方法。

A．树立超级目标　　B．沟通
C．协商谈判　　D．诉讼

18．（　　）是由生产厂家将产品直接销售给消费者。

A．直接渠道　　B．间接渠道
C．宽渠道　　D．窄渠道

19．牙膏、肥皂等生活必需品适合采用（　　）。

A．密集分销　　B．选择分销
C．独家分销　　D．普遍分销

20．单价高的产品可以采用（　　）。

A．长渠道　　B．短渠道
C．宽渠道　　D．窄渠道

21．制裁窜货经销商的措施不包括（　　）。

A．没收保证金　　B．取消年终返点奖励
C．取消经销资格　　D．罚款

22．渠道不像产品那样可以大规模生产和复制，这体现了渠道的（　　）特点。

A．本地化　　B．排他性
C．独特性　　D．不可复制性

23．生产厂家在某一地区仅通过一家中间商推销其产品，称为（　　）。

A．密集分销　　B．选择分销
C．独家分销　　D．普遍分销

24．（　　）在流通领域处于最后阶段。

A．批发商　　B．零售商
C．经销商　　D．代理商

25．（　　）是整个渠道得以顺畅运行和提高运行效果的动力。

A．找准方向，知道去哪里销售
B．明确框架，搞清分销渠道模式
C．确定主体，寻找合适的中间商
D．渠道激励

26．（　　）常是渠道冲突的诱因。

A．各级批发商的价差　　B．大客户原因
C．争占对方资金　　D．分销商经营竞争对手产品

27．（　　）是指渠道成员共同努力，以达到单个成员所不能实现的目标，其内容包括渠道生存、市场份额、高品质和顾客满意。

A．最终目标　　B．个人目标
C．团体目标　　D．超级目标

28．窜货的发生不需要的条件是（　　）。

A．窜货主题　　B．环境
C．竞争者　　D．诱因

29．窜货的危害不包括（　　）。

A．一旦发生窜货，就会导致价格混乱，将使中间商利润受损，致使中间商对厂家不信任，对经销其产品失去信心，直至拒售。
B．供应商对假货和窜货现象监控不力，地区差价悬殊，使消费者怕假货、怕吃亏上当而不敢问津。
C．提高品牌形象，使先期收入得到合理的回报。
D．竞争对手品牌会乘虚而入，取而代之。

30．预防窜货时可建立的监督管理体系不包括（　　）。

A．把监督窜货作为企业制度固定下来，并成立专门机构，由专门人员明察暗访经销商是否窜货
B．企业各部门配合防止窜货的发生
C．中间商之间互相监督
D．利用社会资源进行防窜货

31．让分销网店密如蛛网，是大多数日常消费品、快速消费品企业的布点原则，这符合分销渠道策划的（　　）原则。

A．依照自身实力　　B．符合消费者行为特点
C．覆盖目标市场　　D．不断地改进

32．事实上，（　　）是解决冲突的普遍方法。

A．沟通　　B．协商谈判
C．诉讼　　D．退出

33．当下游经销商的实力增强以后，不甘心目前所处的地位，希望在渠道系统中有更大的权利，向上游渠道发起了挑战，这种冲突属于（　　）。

A．水平渠道冲突　　B．垂直渠道冲突
C．不同渠道间的冲突　　D．渠道成员间的冲突

34．在某些情况下，还存在生产企业为了推广自己的产品，越过一级经销商直接向二级经销商供货的现象，使上下游渠道间产生矛盾，这种冲突属于（　　）。

A．水平渠道冲突　　B．垂直渠道冲突
C．不同渠道间的冲突　　D．渠道成员间的冲突

35．制造商和分销商为了自身的经济效益，都希望把存货水平控制在最低，这种渠道冲突产生的原因属于（　　）。

A．价格原因　　B．存货水平

C．大客户原因　　D．争占对方资金

36．分销商不能提供良好的技术咨询和服务，常被制造商作为采用直接销售方式的重要理由，这种渠道冲突产生的原因属于（　　）。

A．价格原因　　B．存货水平

C．大客户原因　　D．技术咨询与服务问题

37．制造商显然不希望其分销商同时经营竞争企业同样的产品，但是分销商常常希望经营第二甚至第三产品，以扩大其经营规模，并免受制造商的控制，这种导致渠道冲突的原因是（　　）。

A．价格原因　　B．制造商经营竞争对手产品

C．大客户原因　　D．技术咨询与服务问题

38．在各个区域市场进行产品监察，对各经销商的进货来源、进货价格、库存量、销售量、销售价格等了解清楚，随时向企业报告，这种防止窜货的监督管理体系属于（　　）。

A．把监督窜货作为企业制度固定下来，并成立专门机构，由专门人员明察暗访经销商是否窜货

B．企业各部门配合防止窜货的发生

C．利用社会资源进行防窜货

D．经销商互相监督

二、判断题

1．销售渠道即产品所有权转移所经过的各个环节连接起来形成的通道。（　　）

2．渠道的本地化是指在有些渠道中，如果某一类产品被某一个企业或者品牌抢先占领，那么其他企业或者品牌就很难进入，就可能被排斥到渠道之外。（　　）

3．渠道的不可复制性又称不可替代性，这是由渠道的本地化和独特性决定的。（　　）

4．批发是指转售或加工服务大宗产品的交易行为。（　　）

5．根据服务对象的特点，零售商在业务上有小量采购、零散供应的特点。（　　）

6．经销商是指接受生产者委托，从事商品交易业务，但不具有商品所有权的中间商。（　　）

7．分销渠道策划的第一步，是弄清目标市场上消费者购买什么，在哪里购买，为什么购买，何时购买和怎样购买。（　　）

8．数量越少，渠道所提供的服务水准越低。（　　）

9．渠道越分散，提供的服务越多。（　　）

10．顾客总成本不仅包括货币成本，而且包括时间成本、精力成本等非货币成本。（　　）

11．在顾客总价值和其他成本一定的情况下，精力和精神成本越小，顾客为购买商品所支出的总成本越高，从而忠诚度越低。（　　）

12．单位体积大或重量大的产品渠道越长越好。（　　）

13．生产在时间或地理上比较集中，而消费分散的产品或生产分散而消费集中的产品，可减少或不要中间环节。（　　）

14．在经济发展迅速、市场繁荣、需求上升时，生产者会考虑减少销售点。（　　）

15．沟通是指制造商的业务代表或其他成员要经常拜访中间商，特别是直接供货的中间商。（ ）

16．利润取决于销量和差价，并且与这两项正相关。（ ）

17．促销方案力度大、市场销售旺季、中间商的库存成本低都会促使中间商扩大库存，而其中市场销售旺季是主要的。（ ）

18．寻找合适的中间商，是渠道策划的方向问题。（ ）

19．与传统分销渠道模式相比，多渠道分销模式具有更广泛的适应性。（ ）

20．营销渠道管理中，有效激励渠道成员的前提是了解渠道中间商的各种需求。（ ）

21．从整体来说，渠道策划最大的原则就是：设计最适合的渠道，以最低的成本、最快的速度，将产品送到目标消费者手中。（ ）

22．水平渠道冲突比垂直渠道冲突更常见。（ ）

23．对于垂直性冲突，一种有效的处理方法是在两个或两个以上的渠道层次上实行人员互换。（ ）

24．通过协商谈判来解决冲突其实就是在利用领导力。（ ）

25．冲突有时要通过政府来解决，诉诸法律也是借助外力来解决问题的方法。（ ）

26．保证金是合同有效执行的条件，也是企业提高对窜货经销商威慑力的保障。（ ）

27．企业进行渠道策划，必须量力而行，设计、选择适合自己的渠道。（ ）

28．分销渠道的设计应该注重求新、求变的原则，持续不断地进行改进。（ ）

29．批发商一头连接生产者，另一头连接零售商或其他转卖者及用户。（ ）

30．由于工业品市场需求的 80/20 法则非常明显，分销商担心其大客户直接向制造商购买而威胁其生存。（ ）

三、名词解释

1．分销渠道
2．批发商
3．零售商
4．经销商
5．代理商
6．渠道冲突
7．水平渠道冲突
8．垂直渠道冲突
9．不同渠道间的冲突
10．超级目标
11．窜货

四、简答题

1．分销渠道的特点有哪些？

2．中间商的类型有哪些？

3．渠道的重要性有哪些？

4．分销渠道设计时应分析哪些方面？

5．渠道设计的影响因素有哪些？

6．渠道成员的管理和控制手段有哪些？

7．评估渠道设计方案从哪三方面进行？

8．分销渠道策划的目的有哪些？

9．分销渠道策划的原则有哪些？

10．渠道冲突的类型有哪些？

11．渠道冲突产生的直接原因有哪些？

12．解决渠道冲突的方法有哪些？

13．窜货的原因有哪些？

14．窜货的危害有哪些？

15．消除窜货现象之后的善后安抚措施有哪些？

提升进阶

企业有效预防发生窜货的措施有哪些？

项目六

市场推广策划——各出奇招

要点图解

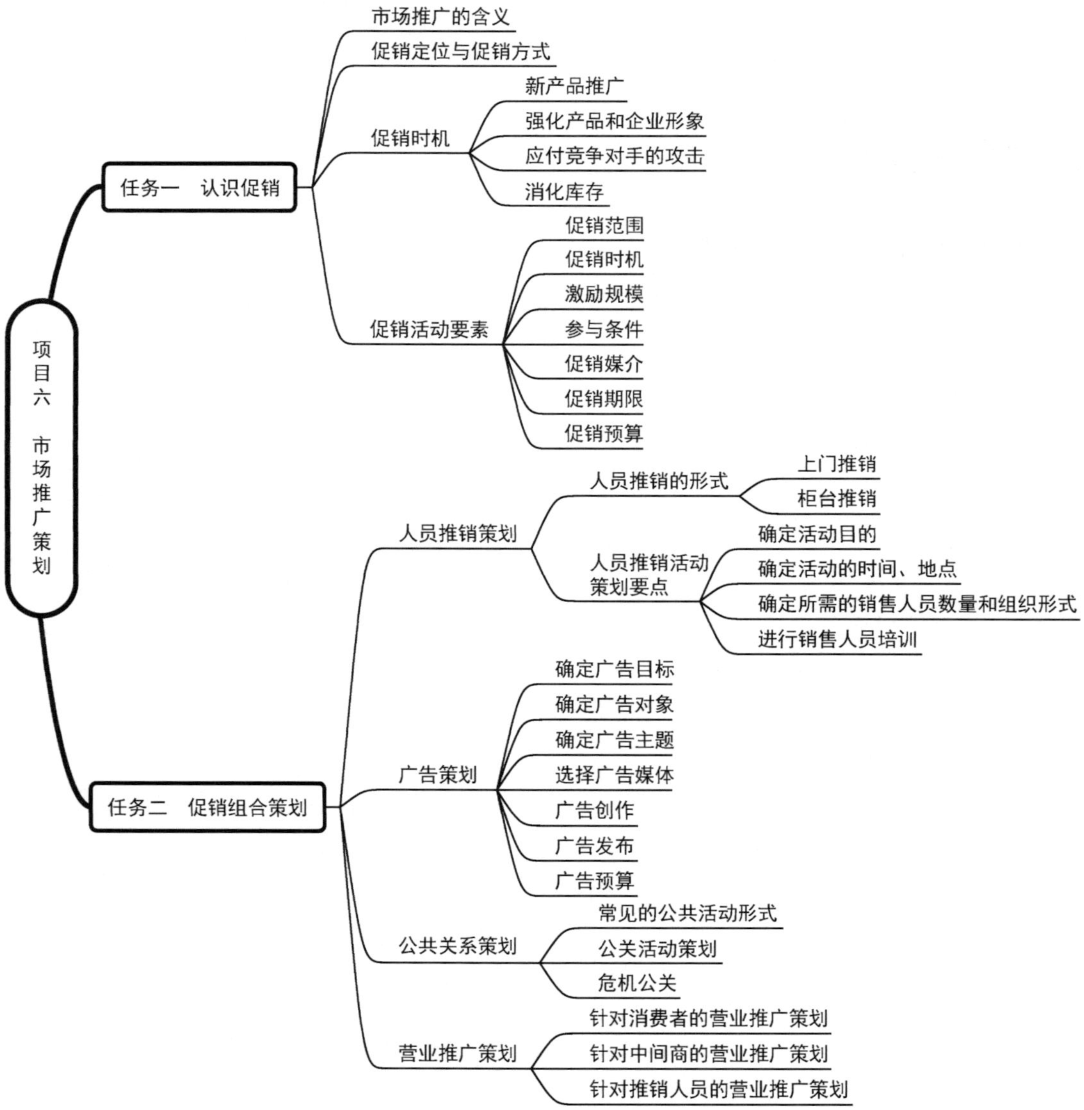

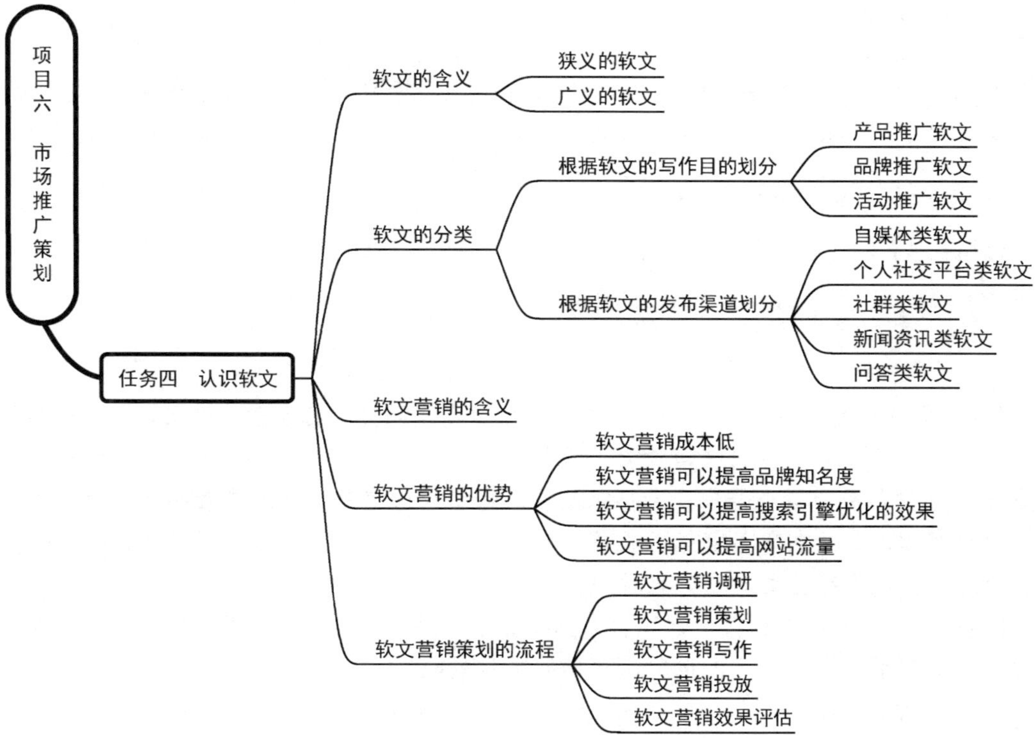

复习要求

1. 掌握市场推广的概念和主要措施，掌握促销的概念。
2. 掌握促销定位和促销组合的概念，掌握不同促销方式的优缺点。
3. 掌握促销时机选择，掌握促销活动的要素。
4. 熟练掌握人员推销策划、广告策划、公共关系策划、营业推广策划。
5. 掌握市场推广方案的撰写。
6. 掌握软文的含义、分类，掌握软文营销的含义、优势及策划流程。

例题解析

知识点一　市场推广的含义

【例题】判断正误：促销的信息沟通方式是一个循环的、单向式的信息沟通系统。（　　）

【解析】促销的信息沟通方式，一方面要把企业及产品的信息传递给消费者，另一方面要将消费者对企业及其产品的意见、要求、需求动向等信息反馈给企业，由此组成了一个循环的、双向式的信息沟通系统。故此题判断为错误。此类题主要考查考生对促销的实质的认识和理解。

知识点二　促销定位与促销方式

【例题】形式灵活多样，刺激顾客购买欲望，短期效益比较明显，是（　　）的优点。

A．人员推销　　B．广告策划
C．公共关系　　D．营业推广

【解析】营业推广方法多种多样，降价、打折、抽奖等多种方式能刺激顾客的欲望，且能收到立竿见影的效果。故选 D。此类题主要考查考生对四类促销方式优点的理解。

知识点三　促销时机

【例题 1】（　　）时，往往是人员推销、广告、营业推广、公共关系四种促销手段同时使用。

A．新产品推广　　B．强化产品和企业形象
C．应对竞争对手的攻击　　D．消化库存

【解析】进行新产品推广的突破口是让消费者打消疑虑，首次尝试购买，往往是四种手段同时使用，争取在短期内使消费者了解并接受新产品。在四种手段中，一般都是广告充当先锋，通过电视、报纸等消费者接触最多的媒体广为宣传，让消费者知道这个新产品，然后通过推销人员进行人员促销并在各零售店开展营业推广。同时，适时地搞一些公共活动。故选 A。此类题主要考查考生对四种促销时机的理解和掌握。

【例题 2】对于那些具有一定知名度的企业及产品，需要定期或不定期地加强宣传，巩固自身品牌在消费者心目中的形象。这种促销时机属于（　　）。

A．新产品推广　　B．强化产品和企业形象
C．应对竞争对手的攻击　　D．消化库存

【解析】绝大部分消费者是喜新厌旧的，再有名的品牌，也不可能永葆青春，更何况，其他品牌的同类产品也在不断推陈出新，再忠诚的客户也难免会产生动摇，如果对手再加大促销力度，客户流失也就在所难免了。因此，企业通过促销活动能对现有客户进行提示，强化产品和企业形象，延长产品的生命周期。故选 B。此类题主要考查考生对四种促销时机的理解和掌握。

知识点四　促销活动要素

【例题 1】判断正误：促销活动的期限越短越好。（　　）

【解析】促销活动的期限既不能过短，也不能过长，期限太短，会失去一部分消费者；时间太长又会增加活动成本并很可能让消费者产生怀疑。故此题判断为错误。此类题主要考查考生对促销活动要素的认识和理解。

【例题 2】判断正误：设定参与条件要注意两个问题：一是避免将优惠给予可能成为产品固定使用者的人；二是防止因为条件苛刻，阻碍了大部分品牌忠诚者或喜欢优惠活动的消费者的参与。（　　）

【解析】参与条件是促销活动要素之一，参与条件包括厂商的激励是面向目标市场的每一个人，还是选择某部分人，这种范围面控制有多大，哪类人员是主攻目标等。设定参与条件要注意两个问题：一是避免将优惠给予不可能成为产品固定使用者的人；二是防止因为条件苛刻，阻碍了大部分品牌忠诚者或喜欢优惠活动的消费者的参与。故此题判断为错误。此类题主要考查考生对促销活动要素的认识和理解。

知识点五　人员推销策划

【例题 1】以下不属于常见的销售人员培训方式的是（　　）。

A．课堂培训法　　B．模拟实验法

C．会议讨论法　　D．自主学习法

【解析】常见的销售人员培训方式有课堂培训法、模拟实验法、案例分析法、会议讨论法和现场演练法，不包括自主学习法。故选 D。此类题主要考查考生对销售人员培训方式的理解。

【例题 2】对销售人员培训的内容不包括（　　）。

A．企业情况　　B．推销技巧

C．广告策略　　D．竞争对手的策略和制度

【解析】人员推销活动取得成功的关键点在于拥有优秀的销售人员，所以销售人员培训就尤为重要。培训的内容通常包括企业情况、产品知识、推销技巧、市场情况、竞争对手的策略和制度、推销制度等，不包括广告策略。故选 C。此类题主要考查考生对销售人员培训内容的理解。

知识点六　广告策划

【例题 1】（　　）广告发布方式需要大笔的广告费用，一般规模的企业难以承担。

A．固定频率法　　B．递升序列型

C．递降序列型　　D．波浪序列型

【解析】波浪序列型是根据消费者的情况和市场特点，预先选定某些时间为重点推销时机，当时机到来时广告推出达到一个高潮，在高潮过去之后，广告也不停止发布，而是以稳定节奏的方式保持一定的发布规模，所以需要大笔的广告费用。故选 D。此类题主要考查考生对广告发布频率的理解。

【例题 2】（　　）在广告的整个运作过程中处于统帅和主导地位。

A．广告对象　　B．广告主题

C．广告媒体　　D．广告目标

【解析】广告主题是广告的中心思想，是广告内容和目的的集中体现和概括，是广告诉求的基本点，是广告创意的基石。广告主题是广告通过其内容所要表达的基本观点或明确意图，因此，广告主题在广告的整个运作过程中处于统帅和主导地位。故选 B。此类题主要考查考生对广告主题的理解。

知识点七　公共关系策划

【例题 1】判断正误：郑州的太古可口可乐公司经常组织大学生以及社会团体到厂区参观，以达到宣传企业的目的，这种公共活动形式是组织或接待参观本企业。（　　）

【解析】组织或接待参观本企业是通过组织或接待社会公众参观本企业起到宣传企业和产品的作用。太古可口可乐公司经常组织大学生和社会团体到厂区参观符合这种情况。故此题判断为正确。此类题主要考查考生对常见的公共活动形式的理解。

【例题 2】判断正误："机不可失，时不再来"，公共时机的选择非常重要。（　　）

【解析】企业常常利用的公共时机有：企业创办或开业之际；企业推出新产品或新服务项目之际；企业发展很快但声誉尚未树立之前；企业更名或与其他企业合并之际；企业出现局部失误或遭某方面误解之际；企业遇到突发性危机事件之际等。企业抓住这些时机进行公关活动将会收到事半功倍的效果。故此题判断为正确。此类题主要考查考生对公关时

机的理解。

知识点八　营业推广策划

【例题 1】以下是针对消费者的营业推广方式的是（　　）。

A．推销竞赛　　　B．扶持中间商
C．折价优待　　　D．交易推广

【解析】针对消费者的营业推广方式有赠送样品、竞赛与抽奖、集点优待、折价优待、包装促销、附加赠送、现场演示、赠送优待券、会员制、其他推广方式，针对中间商的营业推广方式有交易推广、销售竞赛、扶持中间商、业务会议和展销会、赠品，针对推销人员的营业推广方式有推销红利或提成、推销竞赛、特别推销金。故选 C。此类题主要考查考生对各种营业推广方式的理解。

【例题 2】摄影比赛、商品知识比赛等所属的营业推广策划是（　　）。

A．赠送样品　　　B．竞赛与抽奖
C．集点优待　　　D．折价优待

【解析】赠送样品给消费者，消费者不必付出任何代价，因此是诱导消费者试用的妙方。竞赛与抽奖是通过竞赛或抽奖活动，将产品发给优胜者，扩大企业影响，达到刺激消费者购买行为的目的，比如摄影比赛、商品知识比赛等。集点优待又称商业贴花，是指消费者每购买单位商品就可以获得一张贴花，若筹集到一定数量的贴花就可以换取这种商品或奖品。折价优待常用的方式有直接降价、打折销售、买一送一、现金回扣、变相折价等。故选 B。此类题主要考查考生对各种营业推广方式的理解。

知识点九　软文

【例题 1】（　　）是以百度知道、悟空问答、知乎问答等平台为依托，以设置问题并回答问题的形式撰写的软文。

A．个人社交平台类软文　　　B．社群类软文
C．新闻资讯类软文　　　D．问答类软文

【解析】问答类软文通过问问题、回答问题来达到企业营销的目的。故选 D。此类题主要考查考生对各类软文的认识和理解。

【例题 2】（　　）是指通过收集整理和分析市场营销活动的各种资料和数据，帮助营销管理人员制定有效的市场营销决策。

A．软文营销调研　　　B．软文营销策划
C．软文营销写作　　　D．软文营销投放

【解析】软文营销调研是指通过收集整理和分析市场营销活动的各种资料和数据，帮助营销管理人员制定有效的市场营销决策。软文营销策划是指企业的市场营销人员或广告公司的文案人员根据企业产品或服务特征，结合企业经营管理过程中各个阶段的具体情况，以及当前及未来一段时间的市场需求变化趋势和营销目标而制订的软文营销计划。软文营销写作指对软文的撰写。软文营销投放指科学、合理地选择媒体组合进行软文发布。故选 A。此类题主要考查考生对软文营销策划各流程的认识和理解。

基础训练

一、单选题

1. 以下促销方式中，属于人员促销的是（　　）。
A. 广告策划　　B. 公共关系
C. 营业推广　　D. 人员推销

2. 费用大，对推销人员素质要求比较高的是（　　）。
A. 人员推销　　B. 广告策划
C. 营业推广　　D. 公共关系

3.（　　）适用于向分散的众多目标顾客传递信息。
A. 人员推销　　B. 广告策划
C. 营业推广　　D. 公共关系

4. 树立企业形象，影响面大，容易得到信任，效果持久是（　　）的优点。
A. 人员推销　　B. 广告策划
C. 营业推广　　D. 公共关系

5.（　　）的缺点是容易引起怀疑，自贬身价。
A. 人员推销　　B. 广告策划
C. 营业推广　　D. 公共关系

6.（　　）的确定主要是根据不同产品、不同销售区域的销售情况、厂商的自身资源状况、企业经营的目标和市场竞争状况来决定。
A. 促销范围　　B. 促销时机
C. 促销媒介　　D. 促销期限

7. 对促销活动的总开支应该有一个规划和控制，尽量做到少花钱，多办事。这指的是（　　）。
A. 参与条件　　B. 促销媒介
C. 促销期限　　D. 促销预算

8. 由推销专家或经验丰富的推销人员进行授课，指的是（　　）。
A. 模拟实验法　　B. 课堂培训法
C. 案例分析法　　D. 会议讨论法

9.（　　）是广告的中心思想，是广告内容和目的的集中体现和概括，是广告诉求的基本点，是广告创意的基石。
A. 广告目标　　B. 广告对象
C. 广告主题　　D. 广告媒体

10. 专门化程度高，有效时间长，印刷精美，但时效性不强的是（　　）广告。
A. 报纸　　B. 杂志
C. 广播　　D. 电视

11. 有效时间极短，不能留存，难以给人留下深刻印象的广告媒体是（　　）。
A. 杂志　　B. 广播
C. 电视　　D. 网络

12．表现手法丰富，形象逼真，感染力强，老少皆宜，是（　　）的优点。

A．邮寄广告　　B．售点广告

C．网络广告　　D．电视广告

13．（　　）具有交流迅速、实时性强、互动性强的优点。

A．售点广告　　B．邮寄广告

C．网络广告　　D．广播广告

14．设计要求高，成本费用大是（　　）的缺点。

A．网络广告　　B．售点广告

C．交通广告　　D．广播广告

15．（　　）的优点是乘客多，流动性大，具有预告性作用。

A．交通广告　　B．邮寄广告

C．报纸广告　　D．杂志广告

16．（　　）会引起目标受众的反感，被目标受众视为“垃圾邮件”。

A．网络广告　　B．售点广告

C．邮寄广告　　D．交通广告

17．一个成功的广告创作，是在短短的（　　）内，通过独特的广告创意表现，把广告信息准确地传递给消费者的。

A．5 秒或 10 秒　　B．15 秒或 30 秒

C．35 秒或 60 秒　　D．60 秒或 120 秒

18．（　　）是广告作品中全部的语言文字部分。

A．文案广告　　B．平面广告

C．电视广告　　D．视频广告

19．平面广告由文案、（　　）、色彩、编排等要素构成。

A．视频　　B．语言

C．文字　　D．图形

20．（　　）是最简单的广告推出方法，也是一种比较稳定的方法。

A．固定频率法　　B．变化频率法

C．递升序列型　　D．递降序列型

21．适合于推销新产品、宣传新企业、在维持和巩固原有销售市场的基础上开辟新市场的是（　　）。

A．固定频率法　　B．递升序列型

C．递降序列型　　D．波浪序列型

22．（　　）发布方式既能保证在关键时刻发挥作用，又能在平时巩固广告的效果，是一种比较理想的发布方式。

A．固定频率法　　B．波浪序列型

C．递升序列型　　D．递降序列型

23．确定（　　）是广告策划的重点内容，不仅直接影响广告活动的效益，而且还影响企业整体效益。

A．广告对象　　B．广告主题

C．广告媒体　　D．广告预算

24.（　　）是广告主题的出发点。

A．广告目标　　B．信息个性

C．广告对象　　D．消费者

25.（　　）是广告主题的依据，是指广告内容所要宣传的商品或观念要有鲜明的个性，要明显地区别于其他广告。

A．广告目标　　B．信息个性

C．广告对象　　D．消费者

26.（　　）是广告主题的角色。

A．广告目标　　B．信息个性

C．广告对象　　D．消费者

27. 企业通过印发各种宣传资料或举办各种活动，如介绍企业的小册子、业务通信、图片画册、音像资料等，举办形式多样的展览会、报告会、纪念会、有奖竞赛等，使社会公众了解企业的历史、业绩、名优产品、优秀人物、发展前景等，从而达到树立企业形象的目的。这属于（　　）。

A．新闻宣传　　B．公共关系广告

C．企业自我宣传　　D．参加公益活动

28. 赞助社会文化、体育、教育、社会福利事业，属于（　　）。

A．新闻宣传　　B．企业自我宣传

C．参加公益活动　　D．举办专题活动

29. 与新闻单位合办大奖赛、文艺演出、专题节目等活动，属于（　　）。

A．新闻宣传　　B．企业自我宣传

C．参加公益活动　　D．举办专题活动

30.（　　）是组织单位希望通过公共活动的实施所能传达的形象状态和理想标准。

A．公关目标　　B．公关对象

C．公共策略　　D．公关时机

31. 矫正企业偶然失误或受到挫折给社会各方面造成的不良影响而进行的公共活动策划是（　　）。

A．社会性公关活动策划　　B．维系性公关活动策划

C．矫正性公关活动策划　　D．新闻性公关活动策划

32. 下列不属于企业常常利用的公共时机的是（　　）。

A．企业创办或开业之际

B．企业推出新产品或新服务项目之际

C．企业发展很快

D．企业出现局部失误或遭某方面误解之际

33. 企业发生危机时，可让第三方为自己说话，以下不属于第三方的是（　　）。

A．权威部门　　B．媒体

C．受害者　　D．消费者

34.（　　）这种方式不是推诿责任与瞒天过海，而是在正确采取措施并得到妥善处理

后让事件的余震尽快结束。

A．发现问题的本质与根源　　B．所有问题一肩挑起
C．积极沟通　　D．转移视线

35．当新产品进入市场时，运用（　　）特别有效。

A．集点优待　　B．折价优待
C．赠送优待券　　D．赠送样品

36．（　　）又称商业贴花，是指顾客每购买单位商品就可以获得一张贴花，若筹集到一定数量的贴花就可以换取这种商品或奖品。

A．集点优待　　B．折价优待
C．赠送优待券　　D．赠送样品

37．买刮胡刀送刀片，买咖啡送咖啡杯，买红酒送开瓶器，属于（　　）。

A．包装内赠送　　B．包装上赠送
C．可利用包装赠送　　D．附加赠送

38．（　　）又称加量不加价法，是指当消费者每购买一定数量或金额的商品后，就按其比例附加赠送同类商品，以此来刺激消费者增加购买数量的促销方法。

A．集点优待　　B．折价优待
C．附加赠送　　D．赠送样品

39．给中间商价格折扣、津贴、回购保证和免费商品等，属于（　　）。

A．交易推广　　B．销售竞赛
C．扶持中间商　　D．赠品

40．以下属于针对推销人员的营业推广方式的是（　　）。

A．会员制　　B．交易推广
C．销售竞赛　　D．推销竞赛

41．对于开拓市场有功的推销员，或有特殊贡献的推销人员给予一定的金钱、礼品或本企业产品，以鼓励他们加倍努力工作，这种营业推广方式称为（　　）。

A．竞赛与抽奖　　B．推销红利或提成
C．推销竞赛　　D．特别推销金

42．（　　）是指企业为了推广新产品或者推送畅销单品的销售而专门写的软文。

A．产品推广软文　　B．品牌推广软文
C．品牌故事软文　　D．危机公关软文

43．方太通过采编一对夫妇50年的来往书信，将油烟机里的油烟转化成油墨，谱写了一本《油烟情书》，戳中了很多凡夫俗子的心，这属于（　　）。

A．产品推广软文　　B．活动推广软文
C．品牌推广软文　　D．危机公关软文

44．以下不属于新闻资讯类软文投放渠道的是（　　）。

A．今日头条　　B．搜狐
C．网易　　D．微信群

45．以下不属于软文营销优势的是（　　）。

A．软文营销成本高

B．软文营销可以提高品牌知名度
C．软文营销可以提高搜索引擎优化的效果
D．软文营销可以提高网站流量

46．（　　）是进行软文营销策划的基础。
A．营销调研　　B．软文营销策划
C．软文营销写作　　D．软文营销投放

47．一般来说，一篇完整的软文不包括（　　）。
A．标题　　B．目录
C．正文　　D．结尾

48．《人类可以长生不老吗？》属于（　　）。
A．悬念式标题　　B．故事式标题
C．情感式标题　　D．恐吓式标题

49．《莫忽视微波炉的危害》属于（　　）。
A．悬念式标题　　B．故事式标题
C．情感式标题　　D．恐吓式标题

50．《"双十一"千元大奖等你拿》属于（　　）。
A．悬念式标题　　B．故事式标题
C．促销式标题　　D．恐吓式标题

51．（　　）能够渲染气氛、煽动读者情感，最容易走进消费者的内心。
A．悬念式标题　　B．故事式标题
C．情感式标题　　D．恐吓式标题

52．《一个把梳子卖给和尚的推销员》属于（　　）。
A．悬念式标题　　B．故事式标题
C．情感式标题　　D．恐吓式标题

53．（　　）软文是指企业为品牌建设、沉淀品牌资产、积累品牌知名度而撰写的软文。
A．产品推广　　B．品牌推广
C．活动推广　　D．品牌故事

54．（　　）软文是指为推广企业的活动内容，推动阅读者去参与活动的软文。
A．产品推广　　B．品牌推广
C．品牌故事　　D．活动推广

55．（　　）软文是指关键意见领袖或企业的微信公众号、微博、头条等账号发布的软文。
A．社群类　　B．自媒体类
C．新闻资讯类　　D．问答类

56．双向互动，方法灵活，方式灵活多样，促成当时成交，获得较为翔实的调查资料，指的是（　　）的优点。
A．人员推销　　B．广告策划
C．公共关系　　D．营业推广

57．信息单向传播，反馈速度慢，难以迅速调整购买行为，是（　　）的缺点。

A．人员推销　　B．广告策划
C．公共关系　　D．营业推广

58．适用于单位价值较高的商品或需要演示或解说的产品的是（　　）。

A．人员推销　　B．广告策划
C．公共关系　　D．营业推广

59．信息覆盖面广，可重复使用，信息艺术化的是（　　）。

A．人员推销　　B．广告策划
C．公共关系　　D．营业推广

60．用于非规则性、非周期性、短期的特价促销的是（　　）。

A．人员推销　　B．广告策划
C．公共关系　　D．营业推广

61．（　　）时常用的营业推广形式包括捆绑销售、特价销售、打折、超值增量、买送活动、附带赠品等，同时辅以广告来制造声势。

A．新产品推广　　B．强化产品和企业形象
C．应对竞争对手的攻击　　D．消化库存

62．确定（　　）的目的是解决把“什么”向“谁”传达的问题，这是广告活动中极为重要的问题。

A．广告目标　　B．广告对象
C．广告主题　　D．广告媒体

63．（　　）可以美化购物环境，提高消费者的购买兴趣。

A．报纸广告　　B．广播广告
C．网络广告　　D．售点广告

64．信息容量小，不能引起立即购买的是（　　）。

A．报纸广告　　B．交通广告
C．网络广告　　D．售点广告

65．专业性较强，阅读时需要较高的文化水平的是（　　）。

A．报纸广告　　B．杂志广告
C．电视广告　　D．售点广告

66．传递信息速度较快、时效性强，信息量大、便于阅读和存查的是（　　）。

A．报纸广告　　B．杂志广告
C．电视广告　　D．售点广告

67．（　　）形式的公共活动要求企业善于制造新闻。

A．新闻宣传　　B．公共关系广告
C．企业自我宣传　　D．参加公益活动

68．当企业发生公关危机时沟通就是最必要的工作之一，沟通的对象不包括（　　）。

A．全体员工　　B．受害者
C．公众　　D．媒体

69．当企业发生公关危机时，转移视线的方法不包括（　　）。

A．推出新产品 B．伪造数据
C．推出新发明 D．捐助公益事业

70．在包装物内放置赠品，属于（ ）。

A．包装内赠送 B．包装上赠送
C．可利用包装赠送 D．附加赠送

71．茶叶罐内的茶叶用完后，茶叶罐可以用来当花瓶，这是（ ）。

A．包装内赠送 B．包装上赠送
C．可利用包装赠送 D．附加赠送

72．向潜在顾客发送小面额有价证券，持券人可凭券在购买某种商品时享受优惠，这属于（ ）。

A．赠送样品 B．赠品
C．赠送优待券 D．附加赠送

73．邀请中间商参加定期举办的行业年会、技术交流会等属于（ ）。

A．交易推广 B．推销红利或提成
C．特别推销金 D．业务会议和展销会

74．好的软文标题不包括（ ）。

A．标题要精短 B．标题要便于记忆
C．标题要有生僻字 D．标题要有新意

75．（ ）属于反情感式诉求。

A．悬念式标题 B．故事式标题
C．促销式标题 D．恐吓式标题

76．（ ）也称时间式标题，相比其他标题，带有明显的营销特色。

A．悬念式标题 B．故事式标题
C．促销式标题 D．恐吓式标题

77．通过在社群中举行知识分享，从而销售某产品，是在利用（ ）软文进行营销。

A．新闻资讯类 B．自媒体类
C．社群类 D．问答类

78．“如何看待××品牌新推出的××手机？”点击进入，便可看到关于该手机的品牌、相关介绍和评价等，这属于（ ）软文。

A．新闻资讯类 B．自媒体类
C．社群类 D．问答类

79．（ ）是指通过收集整理和分析市场营销活动的各种资料或数据，帮助营销管理人员制定有效的市场营销决策。

A．意外防范 B．预算计划
C．资金费用来源 D．效果评估

二、判断题

1．市场推广的措施主要有新闻发布会、广告、营业推广、公共关系、人员推广、活动推广等。（ ）

2．促销的实质是营销者与购买者或潜在购买者之间的信息沟通。（　　）

3．促销定位就是选择什么样的促销方式和媒体来开展企业的促销活动。（　　）

4．促销定位准确与否不会影响促销效果。（　　）

5．在促销实践中，企业不是单纯地运用某一种促销方式，往往是根据需要把几种促销方式有机组合起来运用。（　　）

6．促销组合的基本原则是，效率最高。（　　）

7．促销的最终目的是增加产品的销售量，创造更多的利润，但在不同的时期，针对不同的市场环境，促销的目标是不一样的，促销的力度和手段是相同的。（　　）

8．促销时机的选择应根据消费需求和市场竞争的特点，结合整体市场营销战略来确定。（　　）

9．要使促销获得成功，最低限度的刺激物是必不可少的。（　　）

10．厂商在制定促销方案时，必须确定使成本效益比达到最大的激励规模。（　　）

11．促销活动的期限越长越好。（　　）

12．柜台推销是一种主动出击式的“蜜蜂经营法”。（　　）

13．上门推销犹如哪里有鲜花（消费者），哪里就有蜜蜂（推销员）一样。（　　）

14．上门推销是一种非常普遍的“等客上门”式的推销方式。（　　）

15．销售组织的组建有三种方法，分别是产品组织法、顾客组织法、市场组织法。（　　）

16．人员推销活动取得成功的关键点在于拥有优秀的销售人员。（　　）

17．在实际的工作岗位上进行指导、培训属于模拟试验法。（　　）

18．向推销员提供具体推销实例，通过对实例的分析、思考、比较来进行培训属于案例分析法。（　　）

19．有效的广告策划是广告宣传达到预期目的的强有力的保证，它是决定广告活动成败的关键。（　　）

20．使消费者在淡季也能记住产品的广告目标是提醒性广告。（　　）

21．说明产品的使用方法的广告是告知性广告。（　　）

22．广告对象，是指广告信息的传播对象，即广告信息的接收者。（　　）

23．广告目标是广告通过其内容所要表达的基本观点或明确意图。（　　）

24．广告文案由标题、广告语、正文、随文四个部分组成。（　　）

25．一般来说，广告发布要选择接收率较高的时间或选择最为有效的时间。（　　）

26．变化频率法的特点是只起“提醒注意”的作用。（　　）

27．递降序列型广告发布方式适合于新产品投入市场前后、新企业开张前后、流行性商品上市前后、开拓新市场及广告竞争激烈时期。（　　）

28．递升序列型广告发布方式需要大笔的广告费用，一般规模的企业难以承担。（　　）

29．广告预算是对广告活动费用的估算，即广告客户投入广告活动的经费使用计划。（　　）

30．在促销组合中，人员推销、营业推广、公共关系带有短期性的目标，而广告带有长期性的目标。（　　）

31．公共关系是提高企业形象竞争力的法宝。（　　）

32．公共关系广告是以建立商业信誉为目的的广告。（　　）

33．公共策略是为实现企业的公共目标所采取的对策和应用各种方法的总称。（　　）

34．维系企业良好形象和稳定企业发展的公共活动策划称为维系性公共活动策划。（　　）

35．速度是危机公关中的第一原则。（　　）

36．很多危机事件发生后，媒体与消费者甚至是受害者十分关心事件本身，而不是责任人的态度。（　　）

37．矛盾的80%来自缺乏沟通，很多事只要能恰当地沟通都会顺利解决。（　　）

38．赠送优待券可采用邮寄、附于商品或广告中赠送的方式。（　　）

39．帮助中间商建立有效的管理制度、培训销售技术人员是针对中间商的营业推广。（　　）

40．软文营销的实施策略是指根据企业软文营销总的费用预算，制定软文投放的实施计划，主要包括软文投放平台的投放数量、投放时间及对应的费用预算等。（　　）

41．软文的标题，是给人的第一印象。（　　）

42．《××手机遭哄抢，他们能及时供应吗？》属于促销式标题。（　　）

43．偏口语化的语言软文更适合投放到报纸、杂志、媒体类网站。（　　）

44．软文营销的着力点是客户的兴趣和利益。（　　）

45．软文营销的宗旨是制造信任，只有客户相信你了，才会付诸行动。（　　）

46．软文营销是网络中最具效果、最经济的营销方式。（　　）

47．软文营销花费少，主要的成本就是人力成本，即使要发布到媒体也不需要很多费用。（　　）

48．了解竞争对手的基本情况属于软文营销调研中的企业内部调研。（　　）

49．明确软文营销的目标是软文营销策划的首要问题。（　　）

50．以品牌传播与推广为行动目标的软文，其效果评估以软文的阅读量及转载量为考核指标。（　　）

三、名词解释

1．市场推广　　2．促销

3．促销定位　　4．促销组合

5．人员推销　　6．广告策划

7．公关目标　　8．危机公关

9．营业推广　　10．狭义的软文

11．广义的软文　　12．软文营销

四、简答题

1．在什么情况下企业应该促销？

2．企业在确立了促销活动目标，选定了促销方法后，还必须明确哪些活动要素？

3．人员推销活动策划要点有哪些？

4．广告策划工作的内容有哪些？

5．常见的公共活动形式有哪些？

6．公关活动策划有哪些内容？

7．危机公关的策略有哪些？

8．常见的营业推广方式有哪些？

9．软文的分类有哪些？

10．软文营销的优势有哪些？

11．软文营销策划的流程有哪些？

提升进阶

一家饲料企业原来效益很好，也做过促销，直至其他企业后来者居上，这家企业负责人明显感觉到竞争的压力了，于是召开销售人员会议，销售人员抱怨道：人家企业做得多好，农民买一包饲料可以得到一件文化衫，经销商做大了组织去国外考察。企业负责人想，这不是很难，我们也做！

江南每一年 6 到 8 月是农忙季节，农民都忙着双抢，养殖业是淡季，淡季一定要刺激农民，诱导农民购买。于是，该企业制作好了文化衫，而且很漂亮，7 月底，销售人员又向企业抱怨道：怎么这么晚才给市场发放促销品，别人早做了。原来，竞争企业在 5 月底就将文化衫全部发放到位，农民在双抢时根本就没有时间购买饲料。第二年，该企业很早就准备好了促销品，是质量很好的香皂。农忙时，农民每天都要洗澡，香皂是他们的必需品，但结果和预想大相径庭，经销商拒绝大量进货。销售员从销售前沿报道：经销商已经大批量进了竞争厂家的货了，原因是该厂开展了一项活动，在市场淡季完成旺季 85%销售额的经销商可以参加企业出国考察团。竞争厂家已经抢占了经销商的仓库和资金。

问题：

该饲料企业的营业推广存在什么问题？如何进行改进？

项目七

编写营销策划——大功告成

要点图解

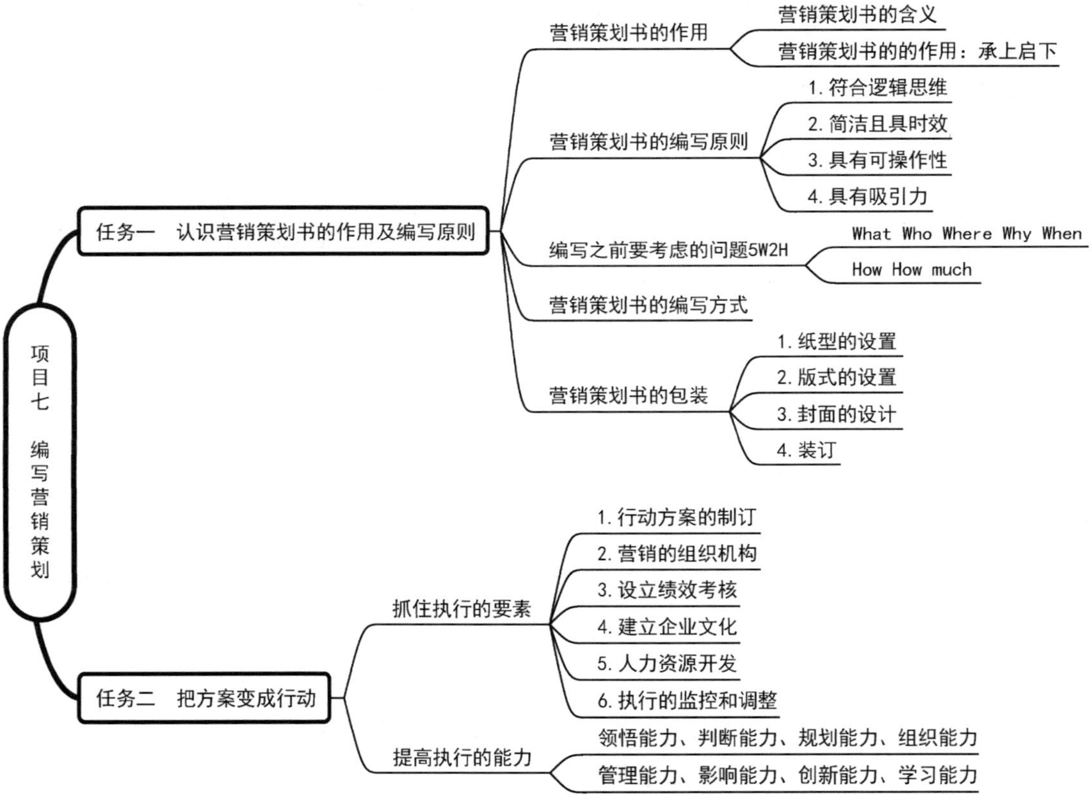

复习要求

1. 理解并掌握营销策划书的含义、作用和编写原则。
2. 熟练掌握编写营销策划书之前要考虑的问题。
3. 熟练掌握营销策划书的编写方式，并能掌握如何包装你的营销策划书。
4. 掌握方案的执行要素，具有一定的执行能力。

例题解析

知识点一 营销策划书的作用

【例题 1】（　　）是对营销行动进行的局部指导，也是对行动的关键点做出的创意的表达。

A．营销策划　　B．策划书
C．审核　　D．执行

【解析】营销策划书是针对一个策划性的行动编制的具体计划。它是对营销行动进行的局部指导，也是对行动的关键点做出的创意的表达。本题中对营销行动进行的局部指导，也是对行动的关键点做出的创意的表达的是策划书。故选 B。此类题主要考查考生对营销策划书的掌握。

【例题 2】（　　）在整个营销策划的过程中，起着承上启下的关键作用。

A．营销策划　　B．策划书
C．审核　　D．执行

【解析】营销策划书是企业根据市场变化和自身实力，对企业的产品、资源及产品所服务的市场进行整体规划的计划性书面材料。所以，营销策划书在整个营销策划的过程中，起着承上启下的关键作用。在整个营销策划的过程中，起着承上启下的关键作用的是策划书。故选 B。此类题主要考查考生对营销策划书作用的掌握。

知识点二 营销策划书的编写原则

【例题 1】下面不属于营销策划书的编写原则的是（　　）。

A．符合思维逻辑　　B．简洁且具实效
C．效益要先行　　D．具有吸引力

【解析】营销策划书编写原则包括符合逻辑思维、简洁且具实效、具有可操作性、具有吸引力。本题中的效益要先行不属于营销策划书的编写原则。故选 C。此类题主要考查考生对营销策划书的编写原则的掌握。

【例题 2】（　　）是营销策划的灵魂，它的独特与新颖就是营销策划书的核心。

A．独特　　B．简洁
C．创意　　D．思维

【解析】营销策划书的编写要具有吸引力，创意是营销策划的灵魂，它的独特与新颖就是营销策划书的核心。同时，营销策划书的外在形式也需要给人以好感。所以，营销策划书的内容和外在形式都很重要。故选 C。此类题主要考查考生对营销策划书的编写原则的掌握。

【例题 3】某公司发现自己收到的营销策划方案创意绝佳，但是运用起来要耗费大量资金、人力，只好果断放弃此策划。那么该策划书的问题出于（　　）。

A．不符合逻辑思维　　B．不具有吸引力
C．不具有可操作性　　D．不简洁

【解析】营销策划书编写原则见例题 1 解析。本题中某公司发现自己收到的营销策划方案创意绝佳，但是运用起来要耗费大量资金、人力，只好果断放弃此策划的原因是不具有可操作性，故选 C。此类题主要考查考生对营销策划书的编写原则的灵活运用。

【例题 4】营销策划书的逻辑性体现在策划目的、策划内容及（　　）上。

A．策划方案　　　　B．可操作性

C．执行方法　　　　D．效果预测

【解析】营销策划是为了解决企业营销中的问题，编写时不能脱离提出问题、找出解决问题的方法、解决问题这最基本的三个步骤。本题中营销策划书的逻辑性体现在策划目的、策划内容及执行方法上，故选 C。此类题主要考查考生对营销策划书的编写原则的灵活运用。

知识点三　编写之前要考虑的问题

【例题】方案要解决的问题是什么？执行方案后要实现什么目标？是编写营销策划书要考虑的（　　）。

A．What　　　　B．Who

C．Where　　　　D．Why

【解析】无论企业营销策划涉及的内容多少，营销策划书都需要具备一些基础的内容。这些基础内容，我们可以用问题的形式来表达，一般被称为“5W2H”。What：方案要解决的问题是什么？执行方案后要实现什么目标？Who：谁负责创意或编制？执行者是谁？每项具体行动由谁负责？Where：方案针对问题区域是哪里？什么场所？执行涉及哪些地方、单位或相关机构？Why：为什么要提出这样的策划方案或计划？为什么采用这种创意或设想？为什么要这样执行？When：时间要求是怎样的？执行中的系列行动的开始与结束时间是多久？How：方案如何编制？各系列活动如何操作？操作环节及过程如何监控？How much：方案需要多少资金？多少人力？多少设备？多少其他资源？本题中方案要解决的问题是什么？执行方案后要实现什么目标？均属于“What”的范畴。故选 A。此类题主要考查考生对编写营销策划书之前要考虑的问题的掌握。

知识点四　营销策划书的编写格式

【例题 1】以下不属于营销策划书格式中定制项目的是（　　）。

A．名称　　　　B．策划人

C．概要简述　　　　D．方案宗旨

【解析】一份常用的营销策划书的格式和相关内容一共有十四项，其中名称、策划人、日期和概要简述四项属于定制项目；方案宗旨、市场分析、SWOT 分析、经营政策、营销目标、营销策略、实施执行、费用预算、效果预测和备注说明十项属于正文内容。本题中名称、策划人、概要简述都是定制项目，方案宗旨是正文内容。故选 D。此类题主要考查考生对营销策划书编写格式的掌握。

【例题 2】判断正误：营销策划书的名称应该包括：时间、地点、方案主题三项内容。（　　）

【解析】营销策划书的名称，首先要直切主题，好的名称能够让人在看到策划书的第一眼就明白该策划书要解决什么样的营销问题。因此，营销策划书的名称应该包括：方案主题、时间、地点、策划时间（对象）等内容。本题中营销策划书的名称应该包括：时间、地点、方案主题三项内容。故此题判断为错误。此类题主要考查考生对营销策划书编写格式中名称的掌握。

【例题 3】（　　）是指在本计划期内所要达到的目标，是营销计划的核心部分。

A．营销计划　　B．营销目标

C．营销活动　　D．营销策略

【解析】营销目标是指在本计划期内所要达到的目标，是营销计划的核心部分，对营销策略和行动方案的拟定具有指导作用。营销目标是在分析营销现状并预测未来的机会和威胁的基础上确定的，一般包括财务目标和营销目标两类。本题中营销目标是指在本计划期内所要达到的目标，是营销计划的核心部分。故选 B。此类题主要考查考生对营销策划书编写格式中营销目标的掌握。

知识点五　营销策划书的包装

【例题】整个营销策划书的画龙点睛之处是（　　）。

A．版心、格式　　B．标题、版心

C．图标、位置　　D．页码、页眉

【解析】版心是指内容在纸张上所占的面积；格式是文字排版当中的字体、字号、行距等；标题要分级设计，方便阅读者了解策划内容的层递逻辑关系；位置是指段落之间的空隙，或是每段文字前是否留两个空格等；图标尽量统筹安排，其内容字体、字号要一致；页码、页眉不仅起到记录页数的作用，更利于版面的美化，是整个营销策划书的画龙点睛之处。本题中整个营销策划书的画龙点睛之处是页码、页眉。故选 D。此类题主要考查考生对营销策划书的包装中版式设计的掌握。

知识点六　抓住执行的要素

【例题 1】营销策划方案的执行是一个管理过程，不包括在内的是（　　）。

A．计划　　B．组织

C．培训　　D．领导

【解析】要确保一个优秀的策划方案得到完美的执行，从而达到预期的效果，企业考虑得最多的应该是："由谁去做""在什么时候做""怎样做""做到什么程度"等问题。而营销策划方案的执行同样是一个管理过程，需要有计划（时间规划、完成标准）、组织（合适的团队与人员）、领导（协助、激励）和控制。本题中的培训不属于营销策划方案执行的管理过程，故选 C。此类题主要考查考生对营销策划方案执行过程的掌握。

【例题 2】不属于市场营销的组织机构来执行的工作的是（　　）。

A．协调配合沟通　　B．进行监督控制

C．应对突发事件　　D．制订行动方案

【解析】不论是企业独立完成营销执行，还是需要外部的广告公司、公关公司等单位的协作，企业要有效地执行市场营销计划，必须建立起专门的市场营销组织来执行下列工作：（1）营销活动的明确分工；（2）整体及各环节的管理工作；（3）协调各团队或工作人员的配合沟通；（4）进行监督控制；（5）应对突发事件。本题中不属于市场营销的组织机构来执行的工作的是制订行动方案。故选 D。此类题主要考查考生对执行要素中成立营销的组织机构的掌握。

知识点七　提高执行的能力

【例题】不属于营销人员执行力的是（　　）。

A．领悟能力　　B．学习能力

C．规划能力　　D．监督能力

【解析】营销人员的执行力包括：领悟能力、判断能力、规划能力、组织能力、管理能力、影响能力、创新能力、学习能力。本题中监督能力不属于营销人员的执行力。故选 D。此类题主要考查考生对执行力的掌握。

基础训练

一、单选题

1．营销策划书的逻辑性表述正确的是（　　）。

A．策划内容→执行方法→策划目的

B．策划内容→策划目的→执行方法

C．策划目的→执行方法→策划内容

D．策划目的→策划内容→执行方法

2．（　　）是营销策划书的核心。

A．具有可操作性　　B．创意的独特与新颖

C．页码和页眉　　D．版心

3．方案针对问题区域在哪里？什么场所？执行涉及哪些地方、单位或相关机构指（　　）。

A．What　　B．Who

C．Where　　D．Why

4．SWOT 分析表中，T 指的是（　　）。

A．优势　　B．劣势

C．机会　　D．威胁

5．在进行 SWOT 分析时，应该按照（　　）顺序来进行分析。

A．先外后内　　B．先内后外

C．随机进行　　D．无所谓

6．营销策划书的正文一般不包括（　　）。

A．市场状况分析　　B．费用、利润测算

C．市场机会分析　　D．消费者分析

7．在 SWOT 分析表中，S 代表（　　）。

A．劣势　　B．机会

C．优势　　D．威胁

8．为顺应市场变化，新产品或新市场需要制定新的营销策略的营销宗旨属于企业（　　）的发展时期。

A．企业新生期　　B．企业成长期

C．市场环境发生变化　　D．阶段目标的需要

9．以下不属于市场分析的一项是（　　）。

A．宏观环境分析　　B．微观环境分析

C．竞争状况分析　　D．分销渠道分析

10．媒体记者挖掘新闻点发布新闻的劳务费用属于（　　）。

A．人力投入　　B．广告投放

C．信息费用　　D．业务费用

11．大多数的营销策划书中都不会提及的一项是（　　）。

A．经营政策　　B．实施执行

C．效果预测　　D．备注说明

12．SWOT 分析表中，O 指的是（　　）。

A．优势　　B．劣势

C．机会　　D．威胁

13．企业处于（　　），在它进入市场时需要一套系统的营销策略。

A．成长期　　B．新鲜期

C．新生期　　D．初始期

14．财务目标由利润额、销售额、市场占有率和（　　）等指标组成。

A．投资收益率　　B．分销网覆盖面

C．价格水平　　D．行业渗透情况

15．营销目标由销售额、市场占有率、分销网覆盖面、客户及行业渗透情况、（　　）等指标组成。

A．利润额　　B．价格水平

C．投资收益率　　D．营销额

16．根据企业的经营政策、（　　），结合市场调研及创意构思工作，提出具体的营销策略。

A．产品策略　　B．定价策略

C．网络营销策略　　D．营销目标

17．说明企业通过营销策划要达到的目的、宗旨，强调策划执行的意义，促使工作人员统一思想，这是策划书的（　　）。

A．概要简述　　B．方案宗旨

C．市场分析　　D．SWOT 分析

18．在营销活动推进过程中，特定人员产生的交通、通信费用属于（　　）。

A．人力投入　　B．业务费用

C．物料投入　　D．信息费用

19．营销策划书的定制项目有（　　）。

A．市场分析　　B．费用预算

C．概要简述　　D．效果预算

20．SWOT 分析表中，W 指的是（　　）。

A．优势　　B．劣势

C．机会　　D．威胁

21．针对某一项公关活动时，购买邀请函或公关公司代为发送邀请函的费用属于（　　）。

A．人力投入　　B．业务费用
C．物料投入　　D．信息费用

22．营销策划书的纸型一般采用国际标准纸，如（　　）。

A．A1、B5　　B．A4、B3
C．A2、B2　　D．A4、B5

23．以下说法错误的一项是（　　）。

A．绩效考核的目的是要与薪资和奖励挂钩
B．考核要奖罚分明，只能单一考核
C．保证考核的公平性和相对透明度
D．掌握好各个团队及人员的考核平衡性，避免引起矛盾

24．（　　）决定了管理风格，决定了执行风格。

A．行动方案　　B．组织机构
C．绩效考核　　D．企业文化

25．通过推理和分析，可以提高自己的（　　）。

A．领悟能力　　B．规划能力
C．组织能力　　D．判断能力

26．（　　）更偏重个人的“魅力”指数或“实力”指数对周围的人产生理解及行为上的影响。

A．影响能力　　B．管理能力
C．组织能力　　D．判断能力

27．营销人员的执行力不包括（　　）。

A．领悟能力　　B．推理能力
C．组织能力　　D．规划能力

28．企业的资源是有限的，要制订出详细的计划，时刻牢记：用有限的资源创造最大的价值，这体现了营销人员执行力中的（　　）。

A．领悟能力　　B．判断能力
C．组织能力　　D．规划能力

29．（　　）保证了个人及企业的核心竞争力。

A．管理能力　　B．组织能力
C．创新能力　　D．学习能力

30．企业营销工作人员涉及的种种环节错综复杂，许多工作都会面临不同的抉择，需要策划人员具有（　　），避免劳而无功，甚至前功尽弃。

A．领悟能力　　B．判断能力
C．创新能力　　D．学习能力

二、判断题

1．营销策划书就是通常所说的营销战略或商业计划。（　　）

2．营销策划书在整个营销策划过程中起着承上启下的关键作用。（　　）

3．营销策划书在营销策划被采纳后就没有作用了。（ ）

4．营销策划书是创意设想的书面载体形式，同时它也是计划文件，是将要执行的营销活动的行动指南。（ ）

5．营销策划的目的是解决企业营销中的问题。（ ）

6．策划书的创意是灵魂与核心，而版面设计关键字之类的就可以忽视了。（ ）

7．一份正式的营销策划书，虽然企业对营销活动的要求不同，但在内容与编制上是一成不变的格式。（ ）

8．营销策划书的名称要直切主题，让人一目了然。（ ）

9．营销策划书的编写完成日期要写的早一些，可以和决策者表明策划人的能力。（ ）

10．商业策划书和项目计划书的概要简述都必不可少。（ ）

11．营销策划书内的费用预算不包括前期调研和准备时期的费用。（ ）

12．小型的营销策略，可以根据经验及专业资料得出预测结果。（ ）

13．在 SWOT 分析表里面，我们应该清楚地认识到，机会和威胁是来自外部的，而优势和劣势是来自企业内部的。（ ）

14．创意是营销策划的灵魂，它的独特与新颖就是策划书的核心。当然，创意是策划书的内涵，而策划书的外在形式也需要给人以好感。总之策划书的外表比内容重要。（ ）

15．营销策划书是对营销行动进行的局部指导，也是对行动的关键点做出的创意的表达。（ ）

16．SWOT 分析法是营销界常用的寻找市场机遇与问题的方法。（ ）

17．阶段目标的需要是根据企业短期的战略规划，制定不同时期的阶段性营销策略。（ ）

18．在分析的顺序上其实也应该按照先外部后内部的顺序来进行分析，我们之所以称之为 SWOT 分析表，是出于记忆的便利。（ ）

19．概要简述相当于整个营销策划书的内容提要。（ ）

20．市场分析从总体上来说，包括微观环境、当前市场、竞争状况、分销渠道等。（ ）

21．宏观环境分析主要是对企业营销策划所涉及的宏观环境进行分析，从而确定营销市场的稳定性、增长性及风险程度。（ ）

22．市场状况分析主要是对企业营销策划中涉及的目标市场进行分析，以确定目标市场的购买规律和发展趋势。（ ）

23．制定营销策划的依据之一就是企业的经营方针、政策与总体战略规划。（ ）

24．营销目标是指在本计划期内所要达到的目标，是营销计划的核心部分，对营销策略和行动方案的拟定具有指导作用。（ ）

25．市场营销目标由销售额、市场占有率、分销网覆盖面、客户及行业渗透情况等指标组成。（ ）

26．单项营销策略的效果预测方式与营销目标确立的方式相同，而特别小型的营销策略也可以根据经验及专业资料得出预测结果。（ ）

27．将营销策略的预测效果和执行结果进行对比，有助于帮助策划人员分析得失，改进工作。（ ）

28．在营销策划书的备注说明中，应主要考虑到在执行中根据情况变化进行的调整，以及在出现特殊事件时提供的相应的备用方案。（　）

29．根据需要，策划书的对象、策划人的名称在封面上应该进行适当的设计，设计时把握简洁大方的原则。（　）

30．营销目标是在分析营销现状并预测未来的机会和威胁的基础上确定的，一般包括财务目标和营销目标两类。（　）

31．营销策划书的主要内容构成是固定的，不可调整。（　）

32．营销策划书中，同级标题的字体大小要不一致，位置和格式前后统一。（　）

33．营销策划书中，段落之间的空隙或每段文字前是否留两个空格等要统一。（　）

34．营销策划书中，正文中的图标尽量统筹安排，其内容的字体、字号要一致。（　）

35．一般来说，如果是内容较多的营销策划书，那么可以通过专业装订服务体现更专业和简洁的整体效果。（　）

36．在企业的营销组织机构中，管理人员必须防患于未然，行使控制和监督的职能，确保营销计划顺利执行。（　）

37．要确保一个优秀的策划方案得到完美的执行，从而达到预期的效果，企业考虑得最多的应该是："由谁去做""在什么时候做""怎样做""做到什么程度"等问题。（　）

38．而执行力越高，活动执行的效果就越差。（　）

39．什么是执行力？简而言之就是按照目标完成任务的能力。不同的人做一件事，会产生不同的结果，这是由个人的能力及特性决定的。（　）

40．行动方案是几个战术的组合，不能是单一的某个策略的执行。（　）

41．策划人员需要根据科学的分析和资料，及时做出正确的判断，避免劳而无功，甚至前功尽弃。（　）

42．团队负责人要为下属提供成长的空间，同时以职责来明确团队中每个人的定位，以责、权、利来保证团队的高效运行。（　）

43．作为营销工作的负责人，除了要采用有效的管理手段来促进团队的工作能力，还应该以自身的理念、行为、语言，采用一定的方式，推动企业内部营销人员、外部中间商等实现共同的战略目标，充分发挥自己的管理能力。（　）

44．学习能力，在这里学习是指单纯的知识掌握。（　）

三、名词解释

1．营销目标
2．执行力
3．营销策划书
4．经营政策
5．宏观环境分析
6．市场状况分析
7．产品、技术、成本分析
8．竞争状况分析
9．分销渠道分析
10．SWOT 分析

四、简答题

1．简述营销策划书的两个最基本的作用。

2．简述优秀策划书的编写原则。

3．简述 5W2H 的内容。

4．简述执行的要素。

5．SWOT 分析法有哪几个因素？

6．简述营销人员执行力的重要性。

7．简述策划书的逻辑性。

8．策划书怎样才能具有可操作性？

9．营销方案宗旨大体可以分为几类？

10．市场分析的主要内容有哪些？

11．营销策划中常见的费用预算有哪些？

12．版式的设置有哪些内容？

13．营销策划书的封面应该包括哪几个信息？

14．一个具体的行动方案要符合几个条件？

15．如何正确认识企业文化建设？

16．专门的市场营销组织具体执行哪些工作？

17．绩效考核机制的设立要注意哪些问题？

18．营销活动的执行要按照同一目标进行，以减少思想和理解上的偏差。对此我们应该认识到什么？

19．营销活动执行中的人力资源开发工作具体内容有哪些？

20．企业的营销组织机构中，管理人员必须防患于未然，行使控制和监督的职能，确保营销计划顺利执行。对此具体需要做哪些工作？

提升进阶

1．某校双创协会要举办一场“校园达人秀”双创之星选拔活动。该校报告厅是举行此活动的场所，能同时容纳 300 名师生。六月是该校的技能文化月，为了检验同学们的双创能力和专业技能学习成果，特邀请校领导和部分师生现场观摩指导。

问题：

请你以双创协会的名义，根据所学营销策划书的基本结构，写出策划方案的框架结构名称和内容。

2．为使本年度的销售再创新高，某大型连锁超市决定在 6 月 15~18 日举行以“××超市 10 周年店庆”为主题的大型促销活动，届时，该超市旗下八店将同时举行。

问题：

请你根据所学营销策划知识，写出策划书的编写原则及编写前需考虑的问题。

会展策划方略——略试身手

要点图解

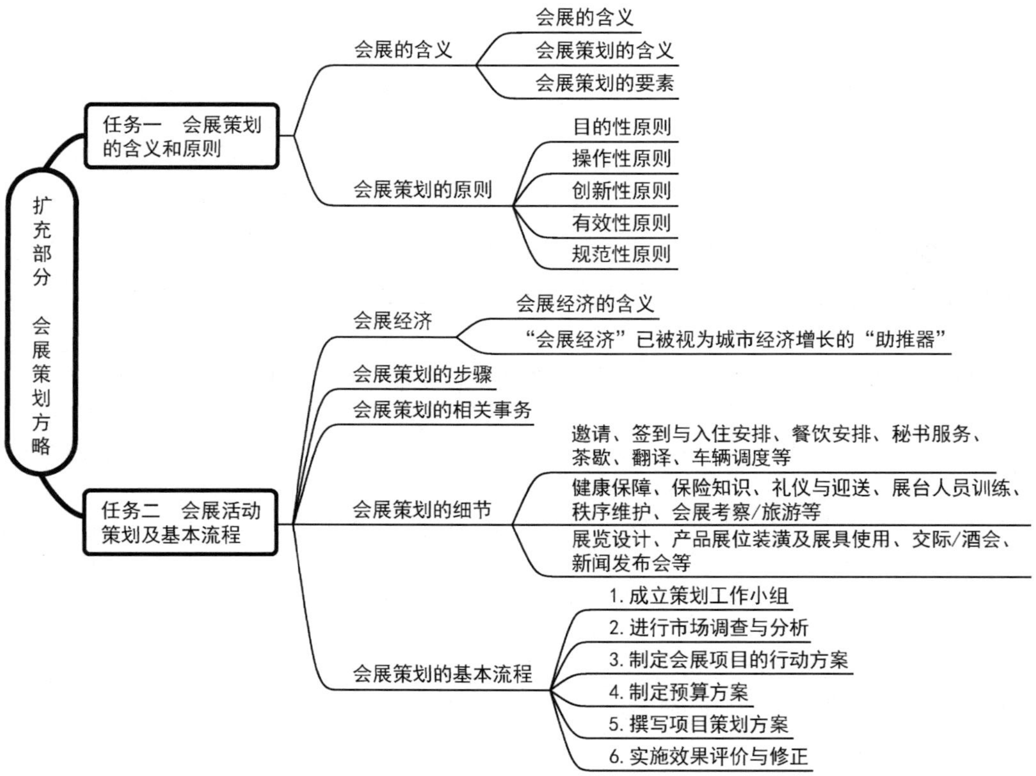

复习要求

1. 理解并掌握会展、会展策划、会展经济的含义，以及会展策划的原则。
2. 了解会展策划的步骤和相关事务。
3. 掌握会展策划的细节及基本技能。
4. 掌握会展策划的基本流程。

例题解析

知识点一 会展策划的含义

【例题 1】下列不属于会展的是（　　）。

A．广交会（交易会）　　B．奥运会（体育运动会）

C．志愿者组织　　D．APEC 会议

【解析】学习会展策划，首先要掌握会展的含义以及范畴，会展也就是会议、展览、节事等集体活动的简称，是指在一定地域空间，由多个人聚集在一起形成的定期或不定期的集体性的物质、文化交流活动。简言之，会展是指特定空间的集体性的物质文化交流交易活动。本题中广交会（交易会）、奥运会（体育运动会）、APEC 会议都是在特定空间的集体性的物质文化交流交易活动，而志愿者组织没有体现这一点。故选 C。此类题主要考查考生对会展的含义和范畴的掌握。

【例题 2】判断正误：会展策划是在会展活动开始的最初阶段就要进行的，有时甚至要贯穿会展活动始终的一种优先的、提前的指导活动；是对会展进行管理和决策的一种程序，对会展活动的进程以及会展活动的总体战略进行前瞻性规划。（　　）

【解析】会展策划是指充分利用现有信息和资源，判断事物变化发展的趋势，全面构思、设计，选择合理、有效的方案，使之达到预期目标的活动。本题中会展策划是在会展活动开始的最初阶段就要进行的，有时甚至要贯穿会展活动始终的一种优先的、提前的指导活动；是对会展进行管理和决策的一种程序，对会展活动的进程以及会展活动的总体战略进行前瞻性规划。故此题判断为正确。此类题主要考查考生对会展策划含义的掌握。

【例题 3】判断正误：一般说来，一份完整的会展策划，大体上包括策划者、策划对象和策划依据三要素。（　　）

【解析】一般说来，一份完整的会展策划，大体上包括策划者、策划对象、策划依据、策划方案和策划效果评估等要素。本题中一份完整的会展策划，大体上包括策划者、策划对象和策划依据三要素。故此题判断为错误。此类题主要考查考生对会展策划要素的掌握。

知识点二 会展策划的原则

【例题 1】以下不属于会展策划原则的是（　　）。

A．主观性原则　　B．目的性原则

C．操作性原则　　D．创新性原则

【解析】会展策划的原则包括目的性原则、操作性原则、创新性原则、有效性原则、规范性原则。本题中的主观性原则不属于会展策划的原则，故选 A。此类题主要考查考生对会展策划原则的掌握。

【例题 2】会展的实施是会展策划的直接目的，因此会展策划应有充分的（　　）。

A．规范性　　B．目的性

C．操作性　　D．创新性

【解析】会展策划不但要为会展活动提供策略的指导，而且要提供具体的行动计划，使会展活动能够在总体策略的指导下顺利进行。会展的实施是会展策划的直接目的，因此会展策划应该有充分的可操作性。故选 C。此类题主要考查考生对会展策划原则如何执行的掌握。

知识点三　会展经济

【例题】判断正误："会展经济"已被视为城市经济增长的"助推器"。（　　）

【解析】不管你留意未留意，以各种名义诸如房博会、汽车展的会展已大步走进我们的日常生活。"会展经济"已被视为城市经济增长的"助推器"。故此题判断为正确。此类题主要考查考生对会展经济效应的掌握，要求考生善于观察总结。

知识点四　会展策划的步骤

【例题】以下不属于会展策划工作的是（　　）。

A. 招展组团　　B. 宣传联络

C. 行政后勤　　D. 志愿组织

【解析】按实际需要将工作分为招展组团、设计施工、展品运输、宣传联络、行政后勤、展台工作、后续工作等几大类；在各大类之下详细列明具体事项；梳理清楚各项工作之间的关系；要定期检查工作进度和质量，及时发现并解决问题，以保证整体工作正常运行。本题中的志愿组织不属于会展策划工作，故选 D。此类题主要考查考生对会展策划步骤的掌握。

知识点五　会展策划的相关事务

【例题】简述会展策划的相关事务。

【解析】答：1. 对企业进行有针对性的市场调研 收集有关本项目的各种资料。

2. 制订详细完整的会展策划方案及确定会展的目标市场、会展的规模、展品的选择，评估观众数量的多少和展览面积的大小以及参展的费用预算。

3. 实施前的培训让全体的实施工作人员理解策划方案精神，熟悉策划方案要求，掌握实施方案的工作方法、步骤和技巧。

4. 印刷材料的设计制作利用会展的会刊、展前快讯、媒体报道等手段来进行前期宣传，扩大企业的影响力，吸引更多的目标客户。

5. 展台的布置及展示设备的调试安装，展台的人员配备。

6. 相关的会展服务安排。

7. 做好对活动的评估开好总结会，做好善后公关工作。

此类题主要考查考生对会展策划相关事务的掌握。

知识点六　会展策划的细节

【例题 1】以下不属于邀请程序的是（　　）。

A. 信息发布　　B. 回执处理

C. 确认通知　　D. 入住安排

【解析】作为主办者，邀请的方式非常重要。通常情况下，邀请包括信息发布、回执处理、确认通知三个程序。本题中的入住安排不属于邀请工作的程序。故选 D。此类题主要考查考生对邀请工作安排的掌握。

【例题 2】展览设计的经验总结不包括（　　）。

A．造型要考虑展位利用率的最大化

B．造型要考虑人流心理及流向

C．造型应当符合参展商的审美导向

D．造型要考虑安全性

【解析】如果说展览是一台戏，展览设计就是戏剧的主题思想。展览设计在造型选择上是几乎无限的，以下是一些经验总结：（1）造型要考虑展位利用率的最大化；（2）造型要考虑人流心理及流向；（3）造型要符合参观对象的审美导向；（4）造型要考虑施工难度及成本因素；（5）造型要考虑安全性。造型应当符合参展商的审美导向不属于展览设计的经验总结。故选 C。此类题主要考查考生对展览设计经验总结的掌握。

【例题 3】判断正误：一般情况下，签到服务人员应该不少于 3 人，工作时间应该根据会展参与人员抵达时间合理分配。（　　）

【解析】通常情况下，会议的签到与住宿安排是连在一起的。如果可能，尽量使用电脑签到。一般情况下，签到服务人员应该不少于 6 人，工作时间应该根据会展参与人员抵达时间合理分配。故此题判断为错误。此类题主要考查考生对会展经济效应的掌握，要求考生善于观察总结。

【例题 4】下列不属于展会人员技术训练内容的是（　　）。

A．展台接待　　B．追踪反馈

C．展台推销　　D．工作态度

【解析】技术训练主要训练展台的接待和推销技巧。展台工作与其他环境下的工作有所不同，即使是有经验的推销人员也应接受展台技巧培训。可以使用模拟方式并应准备完善、系统的培训资料。另外，如果可能，要培养展台人员认真的工作态度、协作精神和集体感。追踪反馈不包括在内。故选 B。此类题主要考查考生对展台人员训练的掌握。

知识点七　会展策划的基本流程

【例题 1】负责各种类型视觉形象设计的工作人员是（　　）。

A．策划主管　　B．策划人员

C．文案撰写人员　　D．美术设计人员

【解析】成立策划工作小组，策划主管：负责协调、沟通整个小组各策划人员的工作，并全权负责策划方案的制定和修订；策划人员：负责编拟会展项目计划；文案撰写人员：负责撰写各类会展文案，包括会展常用文书、会展社交文书、会展推介文书、会展合同等；美术设计人员：负责各种类型视觉形象设计，如广告设计、展示空间设计，此负责人要求能熟练运用 Photoshop 等软件；市场调查人员：负责进行市场调查并编写市场调查报告；媒体联络人员：进行媒体宣传推广。本题中负责各种类型视觉形象设计的工作人员是美术设计人员。故选 D。此类题主要考查考生对策划工作小组分工的掌握。

【例题 2】会展项目收入来源不包括（　　）。

A．消费者集资　　B．门票收入

C．会务费或展位费收入　　D．企业赞助收入

【解析】会展项目收入来源一般包括以下几个方面：会务费或展位费收入、门票收入、企业赞助收入、广告位租赁费用收入（宣传费用收入）和其他收入。本题中消费者集资不属于会展项目收入的来源。故选 A。此类题主要考查考生对会展项目收入来源的掌握。

基础训练

一、单选题

1. 下列不属于会展的是（　　）。
   A. 上海世界博览会　　B. 南宁国际民歌艺术节
   C. 股东大会　　D. 哈尔滨国际冰雪节
2. （　　）是会展策划所追求的目标。
   A. 目标性　　B. 操作性
   C. 创新性　　D. 有效性
3. 会展策划必须遵守法律、程序合理、操作有方、竞争有序，这体现了会展策划的（　　）。
   A. 操作性原则　　B. 创新性原则
   C. 有效性原则　　D. 规范性原则
4. 以下不属于会展策划规范性原则的要求的是（　　）。
   A. 遵守法律　　B. 遵守伦理道德
   C. 遵守客观实际　　D. 遵守行业规范
5. 做会展策划方案时，应结合市场的客观实际情况，以及企业、会展公司的实施能力来进行，体现了会展策划原则中的（　　）。
   A. 目的性　　B. 操作性
   C. 创新性　　D. 有效性
6. 对于主办者来说，（　　）是对会展策划活动成功与否的判定标志之一。
   A. 回执　　B. 签到
   C. 餐饮安排　　D. 秩序维护
7. 展台人员训练的内容和步骤不包括（　　）。
   A. 情况介绍　　B. 工作安排
   C. 秩序维护　　D. 技术训练
8. 下列（　　）不属于秘书服务。
   A. 文秘　　B. 勤杂
   C. 临时采购　　D. 签到
9. 会展活动的进程及会展活动总体战略要进行（　　）规划。
   A. 前瞻性　　B. 目的性
   C. 创新性　　D. 有效性
10. 为打造城市品牌、促进经济一体化发展，做会展总要有一定的（　　）。
   A. 目的性　　B. 前瞻性
   C. 可操作性　　D. 规范性
11. （　　）是市场经济发展到一定阶段的产物，也是市场经济竞争者对信息交流的迫切要求。
   A. 会展经济　　B. 会展策划
   C. 会展活动　　D. 会展

12. 会展策划细节不包括（　　）。

A. 翻译　　B. 展台人员训练

C. 广告　　D. 餐饮安排

13. 会展旅游时间一般不超过（　　）。

A. 24 小时　　B. 36 小时

C. 48 小时　　D. 72 小时

14. 会展项目收入来源不包括（　　）。

A. 会务费或展位费收入　　B. 门票收入

C. 宣传费用收入　　D. 行政管理收入

15. 对会议或展览而言，尤其是大型会议及展览，无不希望有良好的（　　）。

A. 环境　　B. 秩序

C. 接待　　D. 态度

16. 最为常见的新闻发布会议形式是（　　）。

A. 记者招待会　　B. 新闻发布会

C. 酒会　　D. 邀请

17. （　　）一般是由较有实力和较具创意的展览工程公司为客户量身定做的展具。

A. 一次性使用展具　　B. 循环便携式展具

C. 循环租用式展具　　D. 以上无

18. 由于材料昂贵，使用者并不必拥有器材的物权，可向专业展览工程公司租用的属于（　　）。

A. 循环便携式展具　　B. 一次性使用展具

C. 循环租用式展具　　D. 以上无

19. 最普遍使用的展具是（　　）。

A. 一次性使用展具　　B. 循环便携式展具

C. 循环租用式展具　　D. 以上无

20. 对国内一般厂商参展来说，较适合使用的展具是（　　）。

A. 一次性使用展具　　B. 循环便携式展具

C. 循环租用式展具　　D. 以上无

21. 记者招待会、新闻发布会、酒会等都属于（　　）形式。

A. 新闻发布会议　　B. 广交会

C. 招商会　　D. 博览会

22. （　　）是会展策划的基础。

A. 市场调查与分析　　B. 制订会展项目的行动方案

C. 制订预算方案　　D. 撰写项目策划方案

23. 专题性的新闻发布会是（　　）。

A. 记者招待会　　B. 宴会

C. 酒会　　D. 舞会

24. 下列不属于会展市场调查与分析的针对内容的是（　　）。

A. 场地费用　　B. 目标市场

C．政策法规　　D．同类会展

25．下列人员中，负责编拟会展项目计划的是（　　）。

A．策划主管　　B．策划人员

C．文案撰写人员　　D．市场调查人员

二、判断题

1．在现实中，如 APEC 会议（大型会议）、广交会（交易会）、上海世界博览会（博览会）、奥运会（体育运动会）、中国青岛海洋节、大连国际服装节、哈尔滨国际冰雪节、南宁国际民歌艺术节、上海环球嘉年华、上海旅游节等都属于会展。（　　）

2．会展策划是在会展活动开始的最初阶段就要进行的，有时甚至要贯穿会展活动始终的一种优先的、提前的指导活动；是对会展进行管理和决策的一种程序，对会展活动的进程及会展活动的总体战略进行前瞻性规划。（　　）

3．会展的实施是会展策划的直接目的，因此会展策划应该遵循目的性的原则。（　　）

4．会展策划的规范性原则要求，首先必须遵守法律，在不违反法律法规的前提下进行会展策划。（　　）

5．会展策划必须遵守行业规范，就是要在不违背人们的价值观念、宗教信仰、图腾禁忌、风俗习惯的情况下进行规划。（　　）

6．一般来说，一份完整的会展策划，大体上包括策划者、策划依据和策划方案三部分。（　　）

7．会展策划的效果凭借会展策划者的主观臆想就可以来预测。（　　）

8．一般而言，展览不统一安排餐饮（特邀嘉宾或重要客户除外），会议通常统一安排餐饮。（　　）

9．一般而言，会展旅游基本安排短线旅行，旅程很少到达距离会展举办地 500 千米以外的地方，时间不会超过 48 小时（大多数为 24 小时以内）。少数旅程距离会展举办地可能超过 1 000 千米，时间可以长达一周甚至可以跨国旅游。（　　）

10．大型商务会议签到相对简单，仅仅是登记即可。（　　）

11．在会展中，最普遍使用的要数循环便携式展具。这种展具优点是价格相宜、便于携带，标准的展具拆卸折叠后一人就可以进行搬运，十分适合长途运输。（　　）

12．成功的会展活动源于成功的会展策划，成功的会展策划源于对社会资源的有效整合。会展策划是对相关社会资源进行整合的过程，是一个系统工程。（　　）

13．会展经济是市场经济发展到一定阶段的产物，也是市场经济竞争中对信息交流的迫切要求。（　　）

14．会展经济被视为城市经济增长的“助推器”。（　　）

15．通常情况下，邀请包括信息发布、回执处理两个程序。（　　）

16．会展是指在一定地域空间由多个群体聚在一起形成的定期或不定期的集体性的物质、文化交流活动。（　　）

17．创新是会展策划所追求的目标。（　　）

18．对会展活动的进程以及会展活动的总体战略要进行前瞻性规划。（　　）

19．一般情况下，健康保障需要列入会议或者展览策划。（　　）

20．所谓秘书服务是指向会展主办方提供的各类文秘、勤杂、临时采购、临时司乘、

向导等服务。（ ）

21．对于参展方来说，回执是对会展策划活动成功与否的判定标志之一。（ ）

22．如果说展览是一台戏，那么展览设计就是戏剧的主题思想。（ ）

23．茶歇对于中、小型会议而言可能不需要，大型会议，会间茶歇是很重要的。（ ）

24．展台工作与其他环境下的工作有所不同，若是有经验的推销人员，可以不进行展台技巧培训。（ ）

25．对于会议或展览而言，无不希望有良好的秩序。（ ）

26．学术性会议、政府性质会议要求模特的着装比较素雅；而销售类会展则需要模特为企业及产品锦上添花，尽量着装鲜艳。（ ）

27．一次性使用展具通常由于材料昂贵，使用者并不必拥有器材的物权，可向专业展览工程公司租用。（ ）

28．评估与修订的内容主要包括项目评估、阶段考评、最终考评与反馈改进等内容。（ ）

29．循环便携式展具一般采用可折叠的支架，辅以喷涂精美的宣传图片，既有流畅的整体线条而不必拘泥于传统的三面围板式结构，又能较突出地体现企业形象和传递产品信息。（ ）

30．撰写会展项目策划方案，就是将策划的最终成果整理成书面材料，即策划书。（ ）

三、名词解释

1．会展
2．会展策划
3．会展经济
4．秘书服务
5．茶歇
6．一次性使用展具
7．循环租用式展具
8．循环便携式展具

四、简答题

1．会展策划的原则有哪些？

2．会展策划的创新性主要表现在哪些方面？

3．会展策划的步骤是什么？

4．简述会展策划的细节。

5．展览设计在造型上有哪些经验总结？

6．现在流行的展示用具有哪些？

7．会展策划的基本流程有哪些？

8．会展市场调查与分析有哪几个方面？

9．一份会展项目预算方案一般包括什么？

10．会展项目收入来源有哪些？

提升进阶

1．信阳市某县准备举办一次茶文化节暨商品交易会，为办好此次茶文化节暨商品交易会，活跃城乡市场，满足人民群众生产生活需要，促进该县经济持续发展，本着如下宗旨、原则及目的。本届茶文化节暨商品交易会以弘扬茶文化和扩大对外开放，吸引外资，整合茶叶、核桃、旅游等资源，促进地方经济发展，建设茶文化大县为宗旨，坚持开放、交流、合作、发展、互相有无，各得其所的原则。旨在通过商贸活动和各种茶文化展演活动的开展，充分展示该县茶叶及各类地方名优特产，扩大该县商品知名度，丰富茶文化内涵，树立茶文化大县的新形象。

问题：

结合所学知识，说一说会展策划涉及哪些相关事务？

2．日前，由北京师范大学、光明日报社主办的“新时代的中国女排精神高端论坛”会场上座无虚席，来自业界、学界的专家从女排精神的内涵延展，围绕时代价值、民族精神、国民教育等维度阐发观点，或旁征博引，或深入浅出，为听众贡献了一场思想盛宴，讲到精彩处，观众席不时响起热烈掌声。

问题：

此次成功的论坛离不开主办方成功的策划，请详细叙述主办方应该注意哪些细节？

营销策划实务题型示例

一、单选题（每小题 2 分，共 40 分）

1．相同策划环境下，不同策划人员会做出不同的策划，体现了营销策划的（　　）。

A．变化性　　B．复杂性

C．系统性　　D．主观性

1．下列属于顶尖推销人员的外在修炼是（　　）。

A．形象修炼　　B．认识修炼

C．心理修炼　　D．品格修炼

2．小李毕业于知名大学，在大城市私企工作，月收入 1 万左右，只用高档名牌产品，她的购买心理是（　　）。

A．攀比心理　　B．求名心理

C．求美心理　　D．求新心理

3．“爱达模式”第二个步骤的英文单词及中文表达是（　　）。

A． Attention 引起注意　　B．Action 促成购买

C．Interest 激发兴趣　　D．Desire 刺激欲望

4．寻找准客户的第一个步骤是（　　）。

A．收集客户资料　　B．列出客户名单

C．鉴定客户资格　　D．明确潜在客户

5．推销员忽视客户妻子(妻子，掌握家庭“钱袋子”)，导致交易失败，其原因是没有准确鉴定客户的（　　）。

A．购买权力　　B．支付能力

C．购买心理　　D．购买需求

6.“这件衣服我不挣钱卖给你，你别忘了推荐给你的同学，照顾我的生意”，采用的寻找客户的方法是（　　）。

A．网络寻找法　　B．中心开花法

C．连锁介绍法　　D．个人观察法

7．推销员利用人们渴望获得他人重视与认可的心理来接近顾客，该方法是（　　）。

A．求教接近法　　B．赞美接近法

C．表演接近法　　D．好奇接近法

8．“爱情恒久远，一颗永流传”卖点的提炼角度是（　　）。

A．产品自身　　B．社会观念

C．第一说辞　　D．比较差异

9．推销员通过使用名片来接近客户的方法是（　　）。

A．他人引荐法　　B．自我介绍法

C．聊天接近法　　D．产品接近法

10．推销洽谈中，推销员用自己的信心、热情和丰富的知识感染客户，激发客户的购买欲望，体现推销洽谈的（　　）。

A．灵活性原则　　B．针对性原则

C．参与性原则　　D．鼓动性原则

11．推销员说:“这辆电动车是有点贵，但电池充电快，使用寿命长，使用 5 年都没问题，平均每天花费不足 8 毛钱，很划算。”采用的是（　　）。

A．先行报价　　B．对比报价

C．均摊报价　　D．高价报价

12．“耳听为虚，眼见为实”体现的洽谈方法是（　　）。

A．演示法　　B．提示法

C．联想法　　D．陈述法

13，下列属于价格异议处理方法的是（　　）。

A．增值法　　B．时间分解法

C．良机激励法　　D．利益得失法

14．推销员利用客户异议之外的产品优点和其他利益来抵消缺点，这种处理客户异议的方法是（　　）。

A．间接否定法　　B．直接否定法

C．补偿处理法　　D．询问处理法

15．某食品公司邀请顾客来参观食品加工生产流程，以解决顾客对产品安全卫生的异议，这种处理策略属于（　　）。

A．举证劝诱　　B．现场示范

C．亲身体验　　D．实地考察

16．客户神态轻松，仔细研究产品说明书是达成交易的（　　）。

A．语言信号　　B．心理信号

C．表情信号　　D．行为信号

17．（　　）了解某个关键词在百度中当天的搜索量。

A．百度指数　　B．百度统计

C．百度风云榜　　D．百度经验

18．（　　）可以向市场告知新产品信息。

A．告知性广告　　B．说服性广告

C．提醒性广告　　D．强化性广告

19．（　　）广告的有效时间极短，不能留存，难以给人留下深刻的印象。

A．报纸　　B．杂志

C．广播　　D．电视

20．“先生，您觉得这件事情怎么处理比较好?”属于处理客户投诉步骤中的（　　）。

A．接受投诉　　B．平息怨气

C．澄清问题　　D．解决问题

二、判断题（每小题 2 分，共 20 分）

21．推销活动的物质基础是推销客体。（　　）

22．现代推销观念强调买卖双方的共同利益，不用考虑社会利益。（　　）

23．准顾客是不会流失的。（　　）

24．推销约见是接近准备的延续，又是接近过程的开始。（　　）

25．对熟悉的老客户拜访前仍然需要做好准备工作。（　　）

26．在推销洽谈中，遇到不清楚的问题，推销员可以使用“可能、大概、差不多”等词来回答。（　　）

27．销售竞赛属于针对消费者的营业推广策划。（　　）

28．中间商是企业分销渠道的重要行为主体，是企业开拓市场的重要环节。（　　）

29．解决合同争议的方法有和解、调解、仲裁和诉讼四种。（　　）

30．提高货款回收率的重要措施之一，就是做好货款催收工作实施方案的制定与落实。（　　）

三、名词解释（每小题 3 分，共 12 分）

31．逻辑提示法　　32．利益接近法

33．间接处理法　　34．渗透定价

四、简答题（每小题 7 分，共 28 分）

35．简述服饰规范遵循的原则。

36．简述广告开拓法的优点与缺点。

37．简述大多数客户愿意转发连接到朋友圈的理由。

38．危机公关的策略有哪些？

五、综合题（20 分）

39．某企业要进行一次一定规模的市场调查，现须拿出一个调查方案，请问这个调查方案从哪些方面入手进行制订？

40．（1）推销员：“张小姐，你眼光真是太好了，这是我们店最新、最经典的款式！您是选择黑色的还是白色的？”

（2）推销员：“赵女士，智能系统可以让您轻松倒车入库，让您自动感受前方障碍，避免追尾，这难道不是您购车的最佳选择吗？”

（3）推销员：“王先生，今天下午 6 点优惠活动就结束了，您是否现在下单订货呢?”

结合上述材料，回答下列问题：

（1）案例中三位推销员分别采用了哪种提问技巧？（3 分）

（2）以上提问技巧分别具有什么特点？（3 分）

第三部分

综合训练题

推销实务综合训练题

一、单选题（每小题 2 分，共 40 分）

1．现代推销方法中最常用、效率极高的一种约见方式是（　　）。

A．广告约见　　B．委托约见

C．电话约见　　D．信函约见

2．推销员直接把产品、样品、模型摆在顾客面前，引起顾客对其推销产品的足够注意与兴趣，从而导入面谈的接近法是（　　）。

A．赞美接近法　　B．介绍接近法

C．问题接近法　　D．产品接近法

3．“这套西服特别适合像您这样的成功人士，能够彰显您的高贵身份，这种颜色只有一套了，要是被别人抢先了，您就再也买不到了。”这种洽谈方法属于（　　）。

A．明星提示法　　B．联想提示法

C．鼓动提示法　　D．积极提示法

4．顾客异议是成交的障碍，但它也表达了一种信号，即顾客对推销品（　　）。

A．不满意　　B．愿意购买

C．产生兴趣　　D．没有兴趣

5．推销人员通过次要问题的解决来促成交易的方法是（　　）。

A．选择成交法　　B．假定成交法

C．请求成交法　　D．小点成交法

6．“这个品牌我从来没有听说过，我不想买。”此异议属于（　　）。

A．推销服务方面的原因　　B．推销企业方面的原因

C．推销人员方面的原因　　D．推销产品方面的原因

7．下列说法属于传统推销观念的是（　　）。

A．注重长远利益　　B．推销产品首先要推销自己

C．强力推销　　D．客户就是上帝

8．受推销人员个人素质和能力影响、主观性较强的寻找准客户的方法是（　　）。

A．普遍寻找法　　B．个人观察法

C．中心开花法　　D．网络寻找法

9．卖女士丝巾的推销员在顾客面前把丝巾揉成一团再轻易地拉平，这种方法是（　　）。

A．产品接近法　　B．表演接近法

C．利益接近法　　D．问题接近法

10．下列不属于处理产品异议策略的是（　　）。

A．时间分解法　　B．亲身体验法

C．实地考察法　　D．试用试销法

11．下列属于选择成交法缺点的是（　　）。

A．可能舍本逐末，不利于对主要问题进行协商

B．经常采用，易使客户形成惯性思维

C．对于喜欢独立思考的客户可能会起反作用

D．可能会造成客户犹豫不决，延长成交时间

12．“今天刚到的口红有适合您的色号，要不要试一下？”这样的提问方式属于（　　）。

A．婉转型　　B．协商型

C．启发型　　D．限制型

13．“言行一致是给他人信心的保证”，这句话体现了推销洽谈中的（　　）。

A．灵活性原则　　B．参与性原则

C．诚实性原则　　D．针对性原则

14．推销人员进行推销时，首先应向客户推销的是（　　）。

A．产品的使用价值　　B．产品本身

C．产品的差别优势　　D．产品的价值

15．先确定网络推销费用的金额作为预算资金额度，依据预算资金额度的多少再来确定推销方案的覆盖范围和形式是（　　）。

A．以支定案　　B．以案定支

C．以支定收　　D．以案定收

16．顾客非常重视时间和效率，希望能快速、方便地买到合适产品属于（　　）。

A．求名心理　　B．求实心理

C．求便心理　　D．求廉心理

17．“xx 煮瓜子，不上火的瓜子。”此产品的卖点提炼途径是（　　）。

A．产品自身　　B．第一说辞

C．社会观念　　D．产品差异化

18．企业选择大客户的标准不包括（　　）。

A．客户的采购数量　　B．客户的地理位置

C．客户对价格的敏感度　　D．客户采购的集中性

19．客户店庆的时候，企业送去礼品以表祝贺，这属于客户保持方法中的（　　）。

A．加强客户关怀　　B．注重产品质量

C．提供优质服务　　D．保持沟通与联系

20．推销人员把某化妆品直接涂在客户手上的演示方法属于（　　）。

A．文字演示法　　B．图片演示法

C．产品演示法　　D．影视演示法

二、判断题（每小题 2 分，共 20 分）

21．推销过程中没有提出成交要求，就像是瞄准目标却没有扣动扳机一样。（　　）

22．大客户关系管理是买方采用的一种方法。（　　）

23．寻找目标客户是推销的起点。（　　）

24．一个拥有购买决策权的客户却提出权力异议，这个权力异议一定是虚假异议。（　　）

25．“你们产品不错，可惜我买不起。”属于支付能力异议。（　　）

26．家庭购买决策中影响者是指提供产品信息和购买建议，影响挑选产品的人。（　　）

27．说服客户的时候要先难后易，先解决双方存在分歧最大的问题。（　　）

28．“您看，这是我们本月的销售记录，我们的产品真的非常畅销。”这句话体现了费比模式的最后一个步骤。（　　）

29．卖点是一种特殊的推销工具。（　　）

30．线上商务推销包含搜索引擎推销、网络店铺推销两种方式。（　　）

三、名词解释（每小题 3 分，共 12 分）

31．推销洽谈　　32．成交信号

33．客户投诉　　34．直通车

四、简答题（每小题 4 分，共 16 分）

35．简述约见客户的内容。

36．简述识别成交信号中客户行为信号的表现。

37．简述磋商（讨价还价）的策略。

38. 简述大客户管理的有效手段。

五、综合题（每小题 6 分，共 12 分）

39. 某服饰推销员欲接近某商场采购经理，却多次被拒绝，原因是该商场主要经营另一家公司的产品。推销员在一次推销访问时，先递上一张便条，上面写着：您可否给我十分钟时间，就一个业务问题提一点建议？采购经理感到惊奇，将推销员请进办公室。推销员拿出几种新式领带，请采购经理鉴赏，请求他报一个公道价格。一番讲解之后，十分钟快到了，推销员起身准备离开。采购经理反而留住推销员，开始洽谈，直至成交，按照推销员的报价（低于他自己的报价）订购了一大批货。

问题：

（1）案例中推销员采用了哪种接近法？（1 分）

（2）推销员在接近客户时应掌握哪些技巧？（5 分）

40. 推销员：这件衣服对您再合适不过了。您穿蓝色看上去很高雅，而且款式也正是您这种工作所需要的。

顾客（犹豫）：不错，是一件好衣服。

推销员：当然了，您应该马上买下它。您不可能买到比这更好的了。

顾客：哦，也许，但我不知道。

推销员：您不知道什么？这么好的衣服就摆在您面前了。

顾客：你不要给我太多压力，我喜欢这件衣服，但是我已经有一件类似的衣服了。

推销员：您照照镜子，难道您不认为这件衣服非常契合您的高雅气质？衣服价格不贵，您完全可以承受。

顾客：我还是不能确定，买这件衣服是一笔额外开支，要花掉我半个月的伙食费呢!

推销员：您现在不买，将来可不要后悔呀！下次再来时也许这款衣服已经没有货了。

问题：

（1）案例中推销员在推销时有哪些不足？（2 分）

（2）如果你是这个推销员，你将如何改进推销过程？（4 分）

营销策划实务综合训练题

一、单选题（每小题 2 分，共 40 分）

1. 营销策划包括多个方面的内容，是一个系统的工程，在进行市场营销策划时，要求策划人员从全局考虑问题，这体现出营销策划的（　　）特点。

A. 主观性　　B. 系统性
C. 变化性　　D. 操作性

2. 营销策划的核心是（　　）。

A. 目标　　B. 信息
C. 创意　　D. 市场

3. 下列各项不属于企业微观环境因素的是（　　）。

A. 竞争者　　B. 顾客
C. 营销中介　　D. 政治法律

4. 消费者对某型号电视机的可接受价格为 2 500 元，电视机零售商的经营毛利为 20%，电视机的批发毛利为 5%，用价格倒推法计算，电视机的出厂价格应为（　　）。

A. 1 800 元　　B. 1 900 元
C. 1 984 元　　D. 2 000 元

5. 市场调查首先要解决的问题是（　　）。

A. 确定调查方法　　B. 选定调查对象
C. 明确调查目标　　D. 解决调查费用

6. 市场调查的宏观环境调查不包括（　　）。

A. 政治法律环境调查　　B. 经济技术环境调查
C. 消费者情况　　D. 地理和气候环境调查

7.（　　）是集中获取第一手资料最常见的调查方法。

A. 实验法　　B. 访问法
C. 观察法　　D. 网络调查法

8. 某调查问卷的问题："您喜欢吃火锅吗？请选择答案：A.喜欢；B.不喜欢"属于（　　）问题。

A. 公开式　　B. 开放式
C. 封闭式　　D. 保守式

9. 超能洗衣液打出了"超能女人用超能"的口号，超能在产品定位策划时使用了（　　）的策划方法。

A. 属性定位　　B. 避强定位
C. 竞争定位　　D. 使用者定位

10．企业在进行产品定位策划时应突出一个“新”字，如突出“新”产品、“新”技术、“新”服务、“新”特色等。这体现了产品定位的（　　）原则。

A．创新原则　　B．特色原则

C．主导原则　　D．补缺原则

11．“舒柔”皮鞋，可以使消费者联想到足蹬鞋子时的舒适，这体现产品命名应有助于（　　）的原则。

A．树立产品形象　　B．区别同类产品

C．识别产品益处　　D．激发购买欲望

12．市场试销是新产品上市策划的（　　）阶段。

A．构思与创意　　B．上市准备

C．可行性分析　　D．产品实验

13．某商场有意把商场中的几种商品价格定得很低，借此来吸引顾客上门，从而扩大销路。这种定价策略属于（　　）。

A．尾数定价策略　　B．声望定价策略

C．招徕定价策略　　D．渗透定价策略

14．公交车对学生和老人收费较正常票价低；燃气公司对居民用气收费较低，而对工业用气收费较高。这样的定价方法是（　　）。

A．通行价格定价法　　B．需求差异定价法

C．投标定价法　　D．理解价值定价法

15．分销渠道指的是（　　）。

A．产品由生产者向消费者转移过程中所经过的路径

B．产品由生产者向消费者的转移

C．产品由经销商向消费者的转移

D．产品由经销商向消费者转移过程中所经过的路径

16．欧莱雅在欧洲市场销售畅通，但到了中国市场，除了请中国的明星代言之外，重点是建设其系列产品在中国的销售渠道。这体现了分销渠道的（　　）特点。

A．本地化　　B．排他性

C．不可复制性　　D．独特性

17．能够树立企业形象，影响面大，容易得到信任，效果持久的促销活动是（　　）。

A．人员推销　　B．广告

C．公关关系　　D．营业推广

18．会展策划的（　　）原则要求在做策划方案时应结合市场的客观实际情况，以及企业、会展公司的实施能力来进行，否则就是纸上谈兵。

A．操作性　　B．创新性

C．有效性　　D．目的性

19．SWOT 分析表中的“O”是（　　）。

A．优势　　B．威胁

C．劣势　　D．机会

20．营销目标是指在本计划期内所要达到的目标，是营销计划的核心部分，对（　　）

和行动方案的拟定具有指导作用。

A．营销策略　　B．定价策略

C．产品策略　　D．营销推广

二、判断题（每小题 2 分，共 20 分）

21．营销策划是万能的。（　　）

22．明确市场调查的任务是整个市场调查工作的起点。（　　）

23．一般的策划和优秀的、成功的策划之间本质的区别就是创意部分。（　　）

24．生活中常见的日用品一般采取整数定价策略。（　　）

25．分销渠道可以像产品一样大规模生产和复制。（　　）

26．在促销组合中，人员推销、广告和营业推广带有短期性目标，公共关系主要着眼于长期目标。（　　）

27．广告主题在广告的整个运作过程中处于统帅和主导地位。（　　）

28．会展活动可以不用产生效果。（　　）

29．成功的会展活动源于成功的会展策划，成功的会展策划源于对社会资源的有效整合。（　　）

30．SWOT 分析表能够针对企业营销环境及现状，找出企业自身的优劣点，发现企业在当前市场中面临的机会与威胁，使企业在分析和比较中选择机会和威胁较大的领域进行营销活动。（　　）

三、名词解释（每小题 3 分，共 12 分）

31．营销策划　　32．产品定位

33．渠道冲突　　34．会展策划

四、简答题（每小题 4 分，共 16 分）

35．简述市场调查的程序。

36．简述数量折扣策略及其形式。

37．简述促销时机的选择。

38．简述营销策划书的编写原则。

五、综合题（12 分）

39. 一家大药房在将一瓶 200 元的补药以 80 元超低价出售时，每天都有大批人潮涌进药房抢购补药，按说如此下去肯定赔本，但财务账目显示出盈余逐月递增，其原因就在于没有人来店里只买一种药，人们看到补药便宜就会联想到其他药也一定便宜，便促成了盲目的购买行为。

问题：

（1）简述大药房采取了何种心理定价策略及其含义（6 分）

（2）除上述策略外，心理定价策略还包括哪些？（6 分）

反侵权盗版声明

举报电话：（010）88254396；（010）88258888

传　　真：（010）88254397

E-mail：　dbqq@phei.com.cn

通信地址：北京市万寿路 173 信箱

电子工业出版社总编办公室

邮　　编：100036